Der verschwendete Wohlstand

Bibliografische Information der Deutschen Nationalbibliothek
Die Deutsche Nationalbibliothek verzeichnet diese Publikation
in der Deutschen Nationalbibliografie; detaillierte bibliografische
Daten sind im Internet über www.dnb.de abrufbar.

Herstellung und Verlag
BoD - Books on Demand, Norderstedt

ISBN: 9783734751301

Vorwort

Manche Leser werden sicherlich glauben, ein Niemand wie ich, der weder jemals irgendetwas veröffentlicht hat, noch irgendeine Art von Reputation hat, kann unmöglich ein gutes Buch über Ökonomie schreiben.

Nun, auf den ersten Blick habe ich keinen Doktortitel, ich habe nicht mal BWL studiert, aber wenn ich die hochgelobten Bücher lese, die namhafte Wirtschaftswissenschaftler von sich geben, dann drängt sich mir die Idee auf, vielleicht muss mal einer der nicht so tief in der Materie steckt, dass er vor lauter studiertem Wissen gar nicht mehr sieht worum es überhaupt geht, dem System aufzeigen wo es krankt.

Vielleicht muss mal ein ganz unbedarfter Niemand den selbstherrlichen Professoren vor Augen führen, dass wenn alle Ideen die sie bisher hatten nach hinten losgegangen sind, es mit der Allwissenheit nicht so weit her sein kann.

Wenn ein Versicherungsvertreter in Schlips und Kragen vor mir steht, dann ist meine erste Vermutung nicht, dass er vertrauenswürdig wäre weil er sich gut kleidet, sondern im Gegenteil, dann ist mein erster Gedanke, dass er sich selbst in unbequeme Kleidung zwängt um einen äußeren Schein aufzubauen, aber hinter der großen Kulisse möglicherweise nicht viel dahinter ist.

Mein zweiter Gedanke ist dann, wenn jeder einfache Vertreter einer Versicherung sich einen so teuren Anzug leisten kann, dann kann es mit der Qualität der

Versicherung nicht weit her sein, denn wenn von den gezahlten Beiträgen der Versicherten immer zuerst ein großer Teil in die Ausstattung der Mitarbeiter fließt, dann bleibt im Schadensfall für die Versicherten nicht viel übrig was die Versicherung ihnen bezahlen könnte.

Tatsächlich erleben wir heutzutage immer öfter, dass viele Versicherungen im Schadensfall nicht bezahlen, sondern es in jahrzehntelangen Rechtsstreits darauf anlegen den Vorgang verjähren zu lassen, während gleichzeitig die Bürogebäude der Versicherungen immer größer und protziger werden.

Da ist ganz offensichtlich irgendetwas faul.

Wenn Wirtschaftswissenschaftler Bücher schreiben, deren offensichtlich einziger Zweck der Verkauf eben dieser Bücher ist, dann hilft das der Wirtschaft nicht im Geringsten.

Wenn Bücher heute mit riesigem Geld- und Zeitaufwand professionell herausgegeben werden, dann kaufe ich keine Bücher, denn ich sehe keinerlei Sinn darin den 10fachen Preis nur dafür zu bezahlen, dass alle Kommas im Text richtig gesetzt sind.

Wenn der Autor tatsächlich alles selber schreiben würde und das Ganze ohne Korrektur von Anderen veröffentlicht würde, dann könnte man von der Rechtschreibung her auf seine Kenntnisse in deutscher Grammatik schließen, aber über seine Kenntnisse zum Thema des Buches sagt das überhaupt nichts.

Glaubt irgendjemand ernsthaft der Autor würde vertrauenswürdiger, nur weil er einen Rechtschreib-Profi dafür bezahlt hat sein Geschreibsel zu korrigieren?

Oder wird vielleicht durch eine fehlerfreie Grammatik einfach nur das Buch teurer?

Viele Leser neigen ja dazu von einer schlechten Grammatik auf schlechten Inhalt zu schließen, aber mit solchen Vorurteilen hätte Einstein als Vollidiot abgestempelt werden müssen.

Mir persönlich ist jeder private Beitrag in sozialen Netzwerken und Foren ganz deutlich viel lieber als jedes noch so professionell herausgegebene Buch, denn wenn ich von Anfang an weiß, dass der Schreiber auch nur ein Normalverbraucher ist, dann bin ich von Anfang an gezwungen selber mitzudenken und laufe nicht Gefahr mir von einem doktorbetitelten Fachidioten eine toll klingende aber falsche Wahrheit aufs Auge drücken zu lassen.

Dieser Text ist zu umfangreich geworden um ihn in einem Forum zu posten, darum blieb mir nicht viel anderes übrig als ein Buch daraus zu machen, aber ich möchte ganz ausdrücklich nicht, dass meine Leser den Inhalt einfach nur glauben, ich möchte, dass ihr alle meine Aussagen selbst recherchiert.
Ihr sollt selber denken, euch selbst ein Bild davon machen was auf der Welt los ist und erst wenn ihr in eurer eigenen Recherche zu einer Erkenntnis kommt, sollt ihr danach handeln.

Lasst euch von mir genauso wenig erzählen wie von irgendjemand anderem.
Ich werde in diesem Buch so wenig wie möglich Namen nennen, auch wenn in manchen Fällen relativ klar sein dürfte wer gemeint ist.
Ich werde nicht auf andere Veröffentlichungen hinweisen, weil alleine der Hinweis auf Quellen, wo

weitere Informationen verfügbar wären den Leser schon in die falsche Richtung leiten kann.

Heutzutage kann man jede beliebige Information im Internet finden, völlig unabhängig davon ob etwas wahr oder falsch ist, es gibt immer irgendwen der jeden noch so haarsträubenden Mist irgendwo aufgeschrieben hat und nur weil ich hier im Text auf irgendeine andere Veröffentlichung hinweisen könnte, die dasselbe sagt wie ich, heißt das nicht, dass meine Aussage automatisch wahr sein muss.

Ich habe den gesamten Inhalt dieses Buches selbst geschrieben und nirgendwo abgeschrieben, aber ich bin mir sicher, vieles von dem was ich hier schreibe haben andere Autoren vor mir schon so oder so ähnlich geschrieben.

Ich will aber überhaupt keinen Doktortitel für mein Geschreibsel haben, darum gibt es unten drunter auch keine zwei Seiten Quellenangaben und wenn zufällig ein paar Sätze gleichlautend zu anderen Veröffentlichungen sein sollten, dann nehmt es als Beweis, dass ich weder der Einzige bin der diese Meinung hat noch meine Kenntnisse in Grammatik anders sind als die, anderer Autoren, die ohne professionelle Korrektur arbeiten.

Sucht euch die Informationen selber, verschafft euch selber einen Überblick und vor allem denkt selber, das ist der beste Weg am Ende die Wahrheit zu finden.

Einleitung

Irgendwie wissen wir alle, dass es nichts geschenkt gibt, aber kaum Einer, der angeblich kostenlose Dinge nutzt und dabei das dumpfe Gefühl hat, dass da versteckte Kosten drin sind, ist sich darüber klar was es wirklich kostet.

Werbefinanziert kling ja toll, aber wer bezahlt die Werbung?

Es gibt Leute die nutzen diese Dinge absichtlich nicht, weil sie glauben so könnten sie den versteckten Kosten entgehen, aber haben sie diese Kosten wirklich nicht?

Nein, keine Angst, ich werde euch nicht mit Zahlen und grauer Theorie langweilen, alle Zahlen die ich im Buch verwende sind nur Beispiele, bestenfalls Schätzwerte, keine genauen Angaben.

Ich will ganz allgemein auf ein paar Dinge aufmerksam machen, die ganz und gar nicht versteckt sind, die für uns alle offensichtlich sind, wenn man nur mal ein paar Minuten darüber nachdenkt.

Dumm daran ist nur, da will niemand drüber nachdenken, denn wenn man das Problem auch nur im Ansatz sehen würde, dann würde praktisch die gesamte Weltanschauung in sich zusammen fallen und das erscheint den meisten Menschen so fürchterlich, dass sie lieber die Augen schließen und das Beste hoffen, als auch nur einmal darüber nachzudenken, was man machen müsste um das Problem zu lösen.

Ich erhebe keinen Anspruch auf Vollständigkeit oder wissenschaftlich belegbare Tatsachen, mir geht es ums Prinzip und ich denke, auch wenn ein paar nicht völlig korrekt recherchierte Dinge mit drin sind, ändert das nichts an der zugrundeliegenden Überlegung.

Der Anfang von Allem

Wir Menschen haben vor zig1000den von Jahren schon erkannt, wenn jeder für sich selbst arbeitet, dann kann man vergleichen wer besser arbeitet, man kann sich aneinander messen und den Besten bestimmen, aber die größtmögliche Einzelleistung ist gar nichts gegen das, was eine Gruppe von Menschen in Zusammenarbeit erreichen kann.

Die Idee ist nicht mal eine Erfindung des Menschen, genau genommen basiert das gesamte Universum auf diesem Prinzip.

Einzelne Wasserstoffatome sind praktisch bedeutungslos, aber wenn sich ein paar Milliarden Tonnen von Wasserstoffatomen zusammentun, dann können sie ihre Masse addieren, daraus genug Gravitation erzeugen um noch mehr Wasserstoffatome anzuziehen, dann einen Stern zu formen in dem sie zu schwereren Elementen fusioniert werden.

Dumm ist halt, dass der Stern explodiert wenn ihm der Brennstoff ausgeht, aber so blöd ist das auch wieder nicht, denn diese schwereren Elemente können dann Planeten formen auf denen Menschen leben können.

Das Problem dabei ist nur, dass Menschen nur dann auf einem dieser Planeten leben können, wenn es immer noch genug, aber auch nicht zu viel Wasserstoff in der Nähe gibt um einen Stern leuchten zu lassen, der den Planeten wärmt.

Sammelt sich zu wenig Wasserstoff, passiert gar nichts, das ist auf den ersten Blick klar.

Sammeln sich aber zu viele Wasserstoffatome in einem Stern, dann wird er zu groß, er fusioniert seinen Wasserstoff viel schneller als Leben entstehen könnte, am Ende explodiert er in einer Supernova, hinterlässt ein schwarzes Loch und das frisst nicht nur all die nützlichen Elemente, die der Stern erbrütet hat wieder auf sondern wird noch viele Milliarden Jahre danach immer mehr und mehr Materie in den Tod reißen, die an der Bildung des Sterns zu Anfang gar nicht beteiligt war.

Leben ist in der Nähe einer so großen Ansammlung von Wasserstoffatomen vielleicht kurzzeitig möglich, aber noch bevor es sich überhaupt entfalten kann macht die Übermacht der Gravitation jedes Leben in weitem Umkreis unmöglich.

Im Tierreich findet man ganz ähnliche Entwicklungen.

Treibt man eine Herde Ziegen oder Schafe auf eine Wiese und lässt sie das Gras fressen, dann hat man eine satte Herde, man kann sie melken, das Fell scheren oder sie schlachten und kann die Menschen davon versorgen.

Aber Schafe fressen Gras so weit ab, dass es nicht mehr nachwächst, lässt man also eine Schafherde für längere Zeit immer auf derselben Wiese grasen, dann hat man nach einer Weile keine Wiese mehr, die Schafe verhungern und kurz darauf hat auch der Mensch nichts mehr von dem er leben könnte.

Dasselbe passiert natürlich auch, wenn man so viele Tiere schlachtet, dass sie sich nicht mehr so schnell vermehren können, wie die Menschen Felle, Milch und Fleisch benötigen, oder wenn man versucht von dieser Herde von Haus aus mehr Menschen zu versorgen, als die Herde an Gütern produziert.

Immer noch dasselbe passiert, wenn die Herde mehr Güter produziert als die Menschen verbrauchen, denn dann wird die Herde sich in exponentieller Geschwindigkeit vergrößern und früher oder später so groß werden, dass sie alle verfügbaren Wiesen kahl frisst. Darum braucht man eine oder mehrere Wiesen, die so groß sind, dass das Gras genauso schnell wächst wie die Tiere es fressen und man kann nicht nur, man muss genau so viele Menschen davon ernähren, dass die Tiere sich genauso schnell vermehren wie der Mensch sie schlachtet.

Nur in einer ausgewogenen Balance von Angebot und Nachfrage ist das Überleben des gesamten Systems möglich.

In der Natur regulieren sich die Systeme selbst, allerdings nie auf gleichbleibendem, ausgewogenem Level, sondern immer in einem Auf und Ab.

Ein Überangebot an Pflanzen führt zu einer Überbevölkerung an Pflanzenfressern.

Das wiederum führt zu einem Boom unter Raubtieren, die den Bestand der Pflanzenfresser so weit dezimieren, dass die Pflanzen wieder wachsen können.

Aber die große Menge der Raubtiere hört nicht auf die Pflanzenfresser zu jagen und weiter zu dezimieren, was zu einem Boom unter den Pflanzen führt.

Das geht ungebremst so lange weiter, bis die Raubtiere keine Beute mehr finden und zum größten Teil verhungern und erst wenn die Raubtiere fast alle verhungert sind, kann sich der Bestand an Pflanzenfressern wieder erholen, woraufhin der Zyklus wieder von vorne beginnt.

Da ist kein Verstand dahinter, die Pflanzenfresser würden alle Pflanzen fressen wenn sie könnten, die Raubtiere würden alle Pflanzenfresser töten wenn sie könnten, weil beide nicht begreifen, dass das auch ihr eigenes Aussterben verursachen würde.

Zum Glück gibt es aber fast immer ein paar Verstecke, wo fast immer ein paar Pflanzen weiter wachsen, wo fast immer ein paar Pflanzenfresser überleben und auch die Raubtiere verhungern fast nie alle, so dass fast immer kurz vor der totalen Zerstörung der Kreislauf von vorne beginnen kann.

Es gibt aber durchaus auch Beispiele, wo der Zyklus unterbrochen wurde, eine Art völlig ausgestorben ist und in der Folge eine Unmenge von anderen Arten, die davon abhängig waren ebenfalls dem Untergang geweiht waren.

Genau genommen sind 99,99 % aller Arten von Pflanzen und Tieren, die jemals auf der Erde gelebt haben heute ausgestorben, teilweise wenn äußere Umstände wie Kometeneinschläge den Zyklus beeinflusst haben, aber oft auch weil die Jäger ihre Beute soweit dezimiert haben, dass der Bestand sich nicht mehr erholen konnte.

Das bekannteste Beispiel dafür ist sicherlich der Mensch, denn der Mensch mit seiner überragenden Intelligenz, die man eigentlich Dummheit nennen müsste, hat es in unzähligen Fällen geschafft andere Arten bis auf das letzte Exemplar auszurotten.

Daraus könnte man nun folgern, die Entwicklung der Intelligenz war vielleicht die dümmste Idee, die die Evolution je hatte, aber ob sich das auf lange Sicht bewahrheitet, werden wir erst wissen, wenn wir entweder aussterben oder es schaffen die Welt so zu organisieren, dass ein nachhaltiges Überleben möglich ist.

Auch wenn ein gewisses Maß an Intelligenz kurzzeitig einer Art einen Vorteil gegenüber anderen Arten verschafft, führt die evolutionsgetriebene Entwicklung von immer mehr Intelligenz zwangsläufig zur alles beherrschenden Dominanz einer einzigen Art, die im Umkehrschluss das gesamte System bedroht.

Der Mensch hat es nicht nur zu dieser Dominanz gebracht, er hat die schlimmsten Befürchtungen was das im System bewirken könnte noch weit übertroffen.
Nicht nur hat der Mensch Arten wie die Büffel in Nordamerika vollständig ausgerottet, nicht nur hat der Mensch Regionen wie Tschernobyl und Fukushima für Jahrtausende unbewohnbar gemacht, nicht nur hat der Mensch ganze Lebensräume so lange vergiftet bis Leben dort überhaupt nicht mehr möglich war, der Mensch hat die natürliche Evolution vollkommen ausgehebelt.
Mehr noch, der Mensch dominiert den Planeten derartig, dass er sogar innerhalb der menschlichen Spezies eine künstliche Entartung der Evolution entwickelt hat in der nicht mehr die am besten angepassten Individuen die besten Überlebenschancen haben, sondern die Dümmsten der Dummen, die vollkommen rücksichtslos das System zerstören dafür auch noch mit besseren Überlebenschancen belohnt werden.

Jäger und Sammler

Ein Löwe der eine Beute erlegt hat frisst sich satt, versorgt seinen Nachwuchs, lässt noch ein paar Reste für die Aasfresser übrig, legt sich in die Sonne und genießt den Tag.

Ein Löwe denkt nicht darüber nach ob er am nächsten Tag wieder eine Beute erlegen kann, darum haben die besten Jäger unter den Löwen die besten Überlebenschancen, weil sie jeden Tag aufs Neue beweisen müssen, dass sie eine Beute erlegen können.

Ein Mensch, der eine Beute erlegt hat, denkt darüber nach wie er das Fleisch frisch halten kann und wie er alle anderen Lebewesen davon abhalten kann seine Beute zu stehlen.

Dann erlegt er einfach alle Beute die er in der Gegend finden kann, kauft Kühlschränke, baut ein E-Werk um den Strom für die Kühlschränke zu erzeugen und wenn er dann erkennt, dass das E-Werk auf genau der Wiese steht, wo früher mal die Tiere gelebt haben, dann bereut er nicht etwa seinen Fehler, er hat die Tiere in dieser Gegend ohnehin schon längst ausgerottet, er genießt einfach die anderen Vorteile die die Elektrizität mit sich gebracht hat und macht sich daran in einer anderen Gegend andere Beute zu jagen.

Dass der Mensch damit nicht nur alle Raubtiere, die bisher in dieser Gegend gelebt haben zum Hungertod verurteilt, sondern auch noch in der anderen Gegend den dortigen Lebewesen ihre Versorgung streitig macht interessiert den Menschen genauso wenig wie die

Tatsache, dass es auf dieser Welt nicht genug Ressourcen gibt um alle Lebewesen mit Kühlschränken und Strom zu versorgen.

Der Mensch leitet aus dem Besitz des E-Werks für sich als Individuum das Recht ab, zu bestimmen, wer Strom bekommt und wer verhungert.

Der Mensch denkt nicht nur darüber nach, wie er am nächsten Tag etwas zu essen bekommen kann, das hat er mit seinem Kühlschrank längst gesichert, er denkt darüber nach wie er seinen Nachkommen über Generationen hinweg ein Leben in Wohlstand sichern kann, ohne dass die dafür überhaupt irgendetwas können müssen.

Der Nachwuchs eines E-Werk-Besitzers kann so blöd sein wie 5 Meter Feldweg, er hat allerbeste Überlebens- und Fortpflanzungschancen, während ein hochintelligentes Kind, was nur durch Zufall irgendwo in den ärmsten Regionen der Welt geboren wird mit hoher Wahrscheinlichkeit stirbt bevor es sich weiter fortpflanzen kann.

Auf diese Art haben die Menschen es geschafft, dass schon wenige Generationen nach der Erfindung der allerersten Anfänge von Technik nicht mehr die besten Jäger oder die besten Bauern, sondern die dümmsten und rücksichtslosesten Nachkommen der reichsten Individuen die Welt beherrscht haben.

Wie blöd schon die Ersten dieser Von-Beruf-Sohn-Generation tatsächlich waren zeigt ein Blick in jedes Geschichtsbuch.

Im Bestreben den eigenen Wohlstand auszubauen und mit der Macht des Besitzes ausgestattet, haben schon in grauer Vorzeit die Herrschenden ihre Untergebenen zu fürchterlichen Kriegen angezettelt und ganze Völker ausgerottet, ohne zu bemerken, dass dabei am Ende auch der eigene Wohlstand verloren geht.

Ein höchst unmoralischer Vorteil aus diesen mörderischen Kriegen ist, dass darin immer wieder die Bevölkerung so drastisch dezimiert wird, dass die Überlebenden auf deutlich kleinerem Niveau immer genug neue Investitionen und Produktion benötigt haben, um am Ende eines Krieges einen Boom der Wirtschaft auszulösen.

Dass dazu alle Menschen, inklusive der Reichen und Mächtigen, ihren gesamten Besitz verlieren müssen scheint selbst die Herrscher nicht zu interessieren.

Heute wird in den Geschichtsbüchern bewundert, was für gigantische Reichtümer manche Herrscher angehäuft haben, wie groß der Machtbereich mancher Völker wurde, aber genau genommen dürfte man das nicht bewundern, man müsste den Kopf schütteln wie blöd ein Volk sein kann zu glauben, dass Ausdehnung des Machtbereichs und Konzentration der Macht auf wenige Herrscher zu irgendetwas anderem als dem eigenen Untergang führen könnte.

Nur weil in der Vergangenheit manche Konstruktionen ihre Macht über viele Jahre halten und ausdehnen konnten, heißt das nicht, dass dies ein Erfolg war, denn alleine die Tatsache, dass alle diese Systeme in massenhaft Toten und Zusammenbruch des gesamten Systems geendet haben zeigt überdeutlich, dass alle diese Systeme im Kern falsch aufgebaut waren.

Herrschen ohne zu teilen

Man möchte meinen, dass irgendwann mal ein Herrscher so schlau gewesen wäre aus der Vergangenheit zu lernen und zu erkennen, dass aggressives Verhalten in jeder Form immer zum eigenen Untergang führt.
Ich bin mir ziemlich sicher es gab sie sogar, irgendwann und irgendwo, vermutlich sogar mehrmals.
Dummerweise reicht es aber schon, wenn in einer einzelnen von mehreren benachbarten Gegenden der Herrscher zu blöd ist, sich mit seinem Herrschaftsbereich zufrieden zu geben.
Ob man die Landwirtschaft oder die Jagd oder einfach nur den Herrschaftsanspruch so weit ausdehnt, bis die Nachbarn sich in ihrer Existenz bedroht fühlen, das Ergebnis ist immer gleich, die Nachbarn wehren sich, es kommt zum Krieg und am Ende haben alle Beteiligten, inklusive all der Unschuldigen die einfach nur mit hineingezogen wurden alles verloren.
Ganz zum Schluss werden dann regelmäßig die Herrscher öffentlich hingerichtet, aber selbst das gibt den folgenden Generationen nicht zu denken.

Wer nun glaubt dies sei Geschichte und gelte heute nicht mehr, der ist auf dem Holzweg, das funktioniert in der heutigen Zeit immer noch ganz genauso wie in grauer Vorzeit.
Ob Azteken, Ägypter, Römer oder sonst wer, jede Ansammlung von Macht die sich jemals irgendwo gebildet hat, hat sich immer weiter ausgedehnt, so lange

bis sie die Kontrolle verloren hat und wieder untergegangen ist.

Ob französische Monarchie oder Nazis, ob Französische Revolution oder Weltkrieg, ob Sklavenhaltung oder Hungerlöhne, Macht führt zu Machtmissbrauch führt zu Unterdrückung führt zu Krieg mit den Nachbarn oder der Revolution in der eigenen Bevölkerung oder beidem und am Ende verlieren immer alle.

Auch heute noch werden Herrscher die ihre Macht zu sehr missbraucht haben hingerichtet, ob nach der Französischen Revolution oder nach dem Zweiten Weltkrieg oder heutzutage im Irak, das zugrundeliegende Problem ist immer gleich.

Aber nein, der Mensch hat aus der Geschichte nichts gelernt, genau genommen macht er sogar das genaue Gegenteil von dem was die Geschichte lehrt.

Statt jede übermäßige Ansammlung von Besitz und Macht zu verhindern erfindet der Mensch nach jedem Zusammenbruch immer neue Mittel und Wege, wie er noch mehr Macht auf noch weniger Menschen konzentrieren kann, um damit noch mehr Menschen noch weiter zu unterdrücken.

Das Ergebnis ist ohne jede Ausnahme immer gleich, nur das Ausmaß der Gewalt und der Zerstörung nimmt dabei immer weiter zu, denn wenn immer mehr Menschen mit immer drastischeren Maßnahmen immer weiter unterdrückt werden, dann wird auch die Entladung in der die Unterdrückten sich ihrer Peiniger entledigen immer drastischer.

Die meisten Menschen in der sogenannten zivilisierten Welt haben ein undefinierbares Gefühl der

Ungerechtigkeit, aber selbst die, die sich ernsthaft damit beschäftigen scheinen zu glauben, wir haben nun eine Weile von unten nach oben verteilt, da wird ein bisschen Rück-Umverteilung von oben nach unten schon reichen und alles ist wieder gut.

Das tatsächliche Ausmaß der Unterdrückung ist kaum jemandem bewusst, nicht mal den Unterdrückern selber.

Dabei ist es so einfach zu sehen, man muss nur mal die Augen aufmachen.

Die Entstehung des Geldes

Ganz zu Anfang stand die Erkenntnis, dass nicht jeder alles kann.

Es gibt gute Jäger, gute Bauern, gute Mütter, gute Lehrer, usw., darum kann eine Gemeinschaft in der sich jeder auf das konzentriert was er am besten kann viel mehr erreichen als wenn jeder Lehrer auch noch Kartoffeln pflanzen und Schweine züchten muss.

Daraus entwickelt sich ganz logisch ein Tauschhandel, bei dem jeder das einbringt was er gut kann und dafür von allen Anderen die Dinge eintauscht die diese gut können.

Einen Schritt weiter gedacht brauchen viele Menschen mehrere Dinge, aber kaum jemand braucht alles, außerdem ist es sehr umständlich schwere Güter auf einem Markt zu tauschen, viel einfacher geht es mit einer Art von Geld, wo jedes Gut einen Geldwert hat, so dass man für seine Güter eine bestimmte Menge Geld bekommt, für die man dann beliebige andere Güter kaufen kann, ohne dass man gezwungen ist ein bestimmtes Gut zu kaufen, was man vielleicht gar nicht gebrauchen kann.

Noch einen Schritt weiter gedacht beginnt das Problem.

Wenn man mit Geld alles kaufen kann, dann muss man selbst gar nichts mehr leisten, man muss nur genug Geld haben.

Darum gab es schon in den allerersten Anfängen des Geldes auch Räuber, die sich darauf spezialisiert haben das Geld von anderen Leuten zu stehlen, weil das viel weniger Arbeit machte als selbst etwas zu leisten.

Natürlich gab es auch vorher schon alle Arten von Übeltätern, aber einem Bauern die Ernte zu rauben war doch ungleich schwerer als zu warten, bis er seine Ernte verkauft hatte und ihm danach sein Geld zu rauben.

Ein Königsgrab zu plündern war schon im alten Ägypten offensichtlich einfacher als selber Gold suchen zu gehen.

Gleichzeitig konnte man nun fast jeden Menschen dazu bewegen alles zu tun was man wollte, wenn man ihm nur genug Geld dafür bot.

Zwar gab es immer schon eine Art Moral und nicht alle Menschen waren bereit wirklich alles zu tun, aber das wurde schnell zu einer sehr relativen Frage.

Je weniger ein Mensch besitzt, desto mehr ist er bereit schon für wenig Geld zu tun und wenn man nur genug Geld hat, um genügend unmoralische Menschen dafür zu bezahlen, die Moral zu unterdrücken, dann regiert Geld und Macht über Vernunft und Mitgefühl.

Die Menschen haben unzählige Systeme erfunden, mit denen mehr Gerechtigkeit herrschen sollte.

Kommunismus, Diktatur, Kapitalismus, Demokratie und vieles mehr, inklusive diverser Mischformen aus verschiedenen Systemen gleichzeitig, aber eins hat die gesammelte menschliche Intelligenz nie unter Kontrolle gebracht und genau daran sind bisher alle guten Ideen zerbrochen.

Wir wissen sogar wie es heißt: Egoismus.

Egoismus ist im Prinzip die natürliche Evolution des Überlebenstriebs, führt aber zu Machtgier, Korruption und weiteren absurden Auswüchsen, die für das höhere Gut, nämlich die Erhaltung der Art, gravierende Nachteile haben, sobald die für immer weiter gesteigerten Egoismus notwendige Expansion des Systems an ihre natürlichen Grenzen gerät.

Der Mensch hat die ganze Welt erobert und solange wir nicht anfangen, andere Planeten zu besiedeln, ist das das Ende der Expansionsmöglichkeiten.

Ab hier kämpft der Egoismus nur noch um die Verteilung des vorhandenen Lebensraums, wo für jeden Gewinner an irgendeiner anderen Stelle ein Verlierer steht.

Jede 1000m² Villa im Besitz eines E-Werk-Besitzers bedeutet, dass irgendwo in einem Slum 20 Menschen auf 10m² leben müssen.

So entstand ein Markt, nicht nur für Güter, sondern auch für jede Art von Dienstleistung, auf dem sich sehr schnell die tatsächlich investierte Arbeitsleistung vom Geldwert der Produkte abkoppelte.

Steine schleppen um Pyramiden zu bauen ist eine wirklich schwere Arbeit, dagegen ist es sehr viel leichter mit einer Peitsche die Sklaven anzutreiben, aber der Sklaventreiber wird besser bezahlt.

Wie leicht es erst der Pharao hatte, der einfach nur das Glück hatte der Sohn einer so reichen Familie zu sein, dass er die Sklaventreiber bezahlen konnte, die für ihn die Sklaven unterdrückt haben, muss man eigentlich gar nicht erst erwähnen.

Genau genommen hätten die Sklaventreiber den Unterschied machen können.

Die Sklaventreiber hätten sich überlegen müssen, wir bauen hier eine Pyramide für einen einzelnen Menschen, wir verschwenden die Arbeitskraft von unglaublich vielen Menschen dafür, etwas zu bauen, von dem außer dem Pharao selbst niemand etwas hat und selbst der hat nur dann etwas davon, wenn am Glauben an ein Leben nach dem Tod was dran ist.

Wenn wir stattdessen alle nützliche Dinge machen würden, wie z. B. Landwirtschaft, Häuser bauen, Kinder erziehen, neue Dinge erfinden, usw., dann würde es mit Ausnahme des Pharao allen Anderen viel besser gehen.

Ich bin mir sicher, es gab damals ein paar Leute, die so gedacht haben, aber die konnten sich nicht durchsetzen, weil es zu viele Sklaventreiber gab, die Peitsche schwingen für einfacher hielten als Vieh zu züchten und die nicht genug Moral hatten um es bleiben zu lassen.

Glaubt jemand dies gelte heute nicht mehr?
Heute sind wir doch zivilisiert, wir haben Menschenrechte und Ethik, oder?

Nun, ganz offensichtlich gibt es heutzutage Arbeiter in der Waffenindustrie, die es für einfacher halten Maschinengewehre und Bomben zu bauen, als in einem Altenheim Menschen zu pflegen, aus dem einfachen Grunde weil Waffenbauer besser bezahlt werden als Altenpfleger.

Natürlich gibt es Pazifisten, die mit Freude alle Waffenfabriken schließen lassen würden, aber offensichtlich gibt es zu viele Waffenbauer, die nicht genug Moral haben um es bleiben zu lassen.

Dass diese Waffen dann viele andere Länder in Schutt und Asche legen, woraufhin Millionen von Flüchtlingen genau am Wohnort der Waffenbauer Zuflucht suchen interessiert auch nicht.

Da werden die Waffenbauer zu Nazis und die Flüchtlinge werden dann noch für ihre Not beschimpft und ermordet.

Aber auch wenn man gütig die Flüchtlinge aufnimmt und ihnen eine Zukunft bietet, das macht moralische Unterschiede in der Bekämpfung der Symptome, aber solange die Wurzel des Übels existiert haben am Ende immer alle weniger, als sie gehabt hätten, wenn es die Waffenfabriken nie gegeben hätte.

Vielleicht mit Ausnahme der Besitzer der Waffenfabriken, aber selbst die könnten mit Leichtigkeit ihre Produktion auf die Entwicklung anderer Maschinen umstellen mit denen dann in diesen Ländern Ackerbau und Viehzucht betrieben und eine nützliche Industrie aufgebaut werden könnte.

Glaubt irgendjemand das ginge nicht, weil die dort kein Geld haben?

Nun, die haben heute kein Geld mehr, weil sie alles was sie hatten für Waffen ausgegeben haben mit denen den dortigen Diktatoren die Unterdrückung ihrer Völker überhaupt erst ermöglicht wurde.

Von was haben diese Länder die Waffen bezahlt und was hätten sie heute, wenn man ihnen stattdessen Landmaschinen verkauft hätte?

Rückgängig machen kann man das nicht mehr, der Wiederaufbau wird Jahrzehnte dauern, wenn es in diesen durch und durch korrupten Systemen überhaupt möglich ist, aber vielleicht sollten wir endlich mal aufhören mit unseren Waffen immer mehr Länder zu zerstören, denn irgendwann ist im Rest der Welt alles so zerstört, dass das einzige Land wo sich der Waffenverkauf noch lohnt das Eigene ist und was das bedeutet könnt ihr euch selber ausmalen.

Die Entstehung von Kapital

Das eigentliche Problem liegt nicht mal in den Waffen, sondern in der Überproduktion der Industriestaaten.
Ein Staat wie Deutschland produziert pro Jahr für etwa 200 Milliarden Euro mehr Güter als seine Einwohner verbrauchen.
Diese Überproduktion muss irgendwo hin, und wenn es das eigene Volk nicht brauchen kann, dann muss es halt exportiert werden.

Zwar könnte man die eigene Produktion auch im eigenen Land verkaufen, aber dazu müsste man den Arbeitern über die Löhne genug Kaufkraft zur Verfügung stellen und das würde die Gewinne der Unternehmer schmälern.
Solange die Summe aller gezahlten Löhne, nach Abzug aller Abgaben, kleiner ist als die Summe aller Produkte, inklusive aller Steuern, kann die Differenz nur exportiert werden.

Hätten aber alle anderen Länder ihre eigene Produktion, dann könnte die deutsche Industrie nichts exportieren, im Gegenteil, dann gäbe es einen gewaltigen Preiskampf bei dem die Länder mit den niedrigsten Löhnen gewinnen und das sind ganz offensichtlich die Länder, in denen eine unmenschliche Diktatur die Bevölkerung so weit in die Armut treibt, dass sie für 30€ im Monat bereit sind 12 Stunden pro Tag arbeiten zu gehen.
Wenn sich ein deutscher Politiker vor ein Mikrofon stellt und fordert, die Löhne und die Lohnnebenkosten müssen sinken damit wir wettbewerbsfähiger werden, dann ist

das vollkommen absurd, denn er fordert sinngemäß, dass wir in Deutschland für 30€ im Monat die 84 Stunden Woche einführen.

Wissend dass wir schon mit weniger als 40 Stunden Arbeit pro Woche viel mehr produzieren, als wir verbrauchen, kann jede weitere Erhöhung der Wettbewerbsfähigkeit nur das Problem vergrößern, der Glaube noch mehr Produktion und noch mehr Wachstum könne ein Problem lösen was von Anfang an nur durch Überproduktion entstanden ist, ist vollkommen absurd.

Kapitalmissbrauch

Jetzt aber nochmal zurück zum Geld und den absurden Auswüchsen die es entwickelt hat.

Irgendwann hatte ein wohlhabender Mensch die Idee, man könnte doch versuchen aus Geld noch mehr Geld zu machen, dann müsste man sich gar nicht erst mit der lästigen Unterdrückung des Volkes beschäftigen.
Man leihe einem armen Menschen etwas Geld, damit dieser damit etwas aufbauen kann, eine Farm oder eine Fabrik oder was auch immer und wenn der es dann schafft damit Geld zu verdienen, dann verlange man einfach das Geld mit Zinsen wieder zurück.
Natürlich muss man damit vorsichtig sein, denn wenn er es nicht schafft etwas aufzubauen und damit Geld zu verdienen, dann ist auch das geliehene Geld weg, aber wenn man aufpasst, nach Sicherheiten verlangt, hohe Zinsen für hohe Risiken verlangt, dann kann man schon so taktieren, dass man am Ende mehr Geld hat als vorher, ohne dass man überhaupt etwas dafür leisten musste.

Kurz darauf hatten auch weniger wohlhabende Menschen dieselbe Idee.
Man braucht überhaupt kein Kapital, um aus Geld noch mehr Geld zu machen, man könnte doch auch versuchen sich das Geld selber zu leihen, es für höhere Zinsen wieder zu verleihen und so Geld aus nichts zu machen.
Man muss nur die Wohlhabenden davon überzeugen, dass das Risiko Kredite zu vergeben sehr hoch ist, ihnen so viel Angst machen ihr Geld zu verlieren, dass sie sich

nicht mehr trauen ihr Geld zu verleihen und ihnen dann anbieten das Risiko für sie zu übernehmen.

Dann muss man nur noch geschickt taktieren und wird reich ohne je Kapital gehabt zu haben und ohne je irgendetwas geleistet zu haben.

Im schlimmsten Fall klappt es nicht und man wird nicht reich, aber das hatte man ja vorher schon, also ist auch der schlimmste Fall immer noch kein Verlust, zumindest nicht für den Schmarotzer der sich im System zwischen den Kreditgebern und den Kreditnehmern einnistet.

Dass im Schadensfall die Wohlhabenden genauso ruiniert sind, als ob sie die Kreditvergabe und das Risiko von Anfang an selber übernommen hätten, muss man den Wohlhabenden ja nicht sagen.

Man argumentiert mit einer Streuung des Risikos auf mehrere Kreditnehmer, wo die Bank im Durchschnitt sicher Gewinn macht, sagt aber nicht dazu, dass jeder Kreditgeber das in Eigenregie genauso machen könnte.

Noch einen Schritt weiter gedacht haben dann die wirklich skrupellosen Geschäftemacher.

Wie wäre es denn, wenn man von Anfang an den Ruin der Bürger einplant und einfach nur allen Wohlstand aus der Gesellschaft absaugt?

Da sind am Ende sicher alle pleite, aber für einen sehr kurzsichtigen Zeitraum könnte man vielleicht sehr viel mehr Profit machen als mit einer soliden und langlebigen Methode.

Mal angenommen es gäbe in einer kleinen Stadt keine Bäckerei, aber drei arme Bäckermeister, die mit Freude bereit wären Brot zu backen, sie können es sich nur nicht leisten ein Haus mit einer Backstube zu bauen.

In der ganzen Stadt würden sich alle Einwohner freuen, wenn es jeden Morgen frisches Brot gäbe, aber nichts passiert, weil niemand den Anfang macht.

Natürlich könnte der Steinmetz Steine liefern, der Maurer könnte ein Haus davon bauen, viele andere Leute könnten mithelfen, aber keiner macht irgendwas, weil ein Maurer der ein Haus baut und erst in einem Jahr oder noch später Geld dafür bekommt bis dahin längst verhungert wäre, außerdem kann sich der Maurer nicht sicher sein, ob er überhaupt jemals Geld für seine Arbeit bekommt, denn wenn ein Feuer das neue Haus zerstört oder der Müller seine Mühle schließt und es kein Mehl mehr gibt, dann verdient der Bäcker nie Geld und der Maurer bekommt seine Arbeit nie bezahlt.

Da bietet sich doch die Idee einer Bank an, oder?

Wenn der Steinmetz, der Maurer und alle anderen Bewohner der Stadt ihr Geld zur Bank bringen, wo es vor Räubern sicher ist, dann hat die Bank das nötige Geld dem Bäckermeister einen Kredit zu geben und wenn die Bank vorsichtig taktiert, Sicherheiten vom Bäckermeister verlangt und genug Zinsen verlangt um das Risiko abzudecken, dann müssen die Einwohner der Stadt das Risiko nicht tragen, der Bäckermeister kann seine Bäckerei bauen und alle mit Brot versorgen.

Prima, oder?

Nun, das funktioniert genau so lange, bis die Bank nicht nur einem, sondern allen drei Bäckermeistern einen Kredit für eine Bäckerei gibt, von denen jede einzelne so groß ist, dass sie die ganze Stadt versorgen kann und sich als Sicherheiten die drei Grundstücke samt den drei Bäckereien darauf verpfänden lässt.

Der Bank kann es völlig egal sein, welcher der Bäckermeister mit seiner Bäckerei mehr oder weniger Erfolg hat, es kann ihr auch egal sein welcher der drei Bäckermeister zuerst pleite macht und seinen Kredit nicht zurückzahlen kann.

Die Bank kann sich absolut sicher sein, dass 2 der 3 Bäckermeister pleite machen werden, dass ihr dann 2 der 3 Bäckereien gehören werden, weil die ja als Sicherheit für den Kredit verpfändet wurden, und dass sie dann im Preiskampf mit dem dritten Bäckermeister diesen auch noch ruinieren kann, denn die beiden schuldenfreien Bäckereien mit dem Finanzpolster der Bank im Rücken können den ehrbaren Bäckermeister der noch den Rest von seinem Kredit zurückzahlen muss locker unterbieten.

Die Bank muss also nichts weiter tun als die Zinsen für die Bäckermeister so hoch anzusetzen, dass die Kreditsumme die sie zu Anfang bezahlt hat im Durchschnitt der drei Rückzahlungen wieder rein kommt.

Ob die Bank dann noch tatsächliche Zinserträge erwirtschaftet ist egal, wenn es sich machen lässt nimmt die Bank diese Erträge gerne auch noch mit, wenn nicht setzt die Bank den Ausfall von ihren Steuern ab, aber gebraucht wird das alles nicht, denn der Bank gehören am Ende drei Bäckereien, von denen sie zwei schließen und eine behalten kann, die dann gute Gewinne abwirft.

Dass dann in der Stadt zwei alte Bäckereien langsam verfallen und zum Schandfleck der Straße werden interessiert die Bank nicht, auch dass dann drei Bäckermeister nicht nur arbeitslos sondern auch pleite und obdachlos sind und zum Sozialfall werden muss die

Bank nicht interessieren, denn Sozialhilfe bezahlt ja die Allgemeinheit aus ihren Steuern.

Die Bank wird großzügig den am höchsten verschuldeten Bäckermeister in der Bäckerei einstellen, ihn für einen Hungerlohn sein eigenes Brot verkaufen lassen und am Monatsende von ihm noch die Rückzahlung seiner alten Schulden verlangen, die durch den Zinseszins dabei auch noch schneller größer werden als der arme Mann sie zurückzahlen kann.

Nur eines wird die Bank ab diesem Moment nicht mehr tun, sie wird nie wieder einem Bäckermeister einen Kredit zur Eröffnung einer Bäckerei geben, sie wird stattdessen ihr Monopol dazu nutzen die Brotpreise zu erhöhen und sie wird die Not der zwei arbeitslosen Bäckermeister dazu nutzen dem angestellten Bäckermeister seinen Lohn noch weiter zu drücken.

Das funktioniert in jedem beliebigen Gewerbe, auch dann wenn es bereits alteingesessene Firmen in diesem Gewerbe gibt, die Bank muss einfach nur dafür sorgen, dass sie so viele Existenzgründer finanziert, bis davon zwangsläufig genug pleitegehen müssen, dass der Bank am Ende das gesamte Gewerbe gehört.

Das funktioniert sogar mit ganzen Staaten, denn hat die Bank erst mal so viele Einwohner und so viele Gewerbe in den Ruin getrieben, dass der Staat statt Steuern zu kassieren noch Sozialhilfe zahlen muss, dann gibt die Bank das Geld was sie gerade erst den Einwohnern abgenommen hat dem Staat als Kredit und kurz darauf ist der Staat genauso pleite wie seine Einwohner.

Am Ende arbeitet der gesamte Staat für eine Bank, die nicht das Allergeringste zum Wohl der Bürger getan hat, sondern tatsächlich die Wurzel des Übels und verantwortlich für die Armut ist.

Dann kommt irgendein Politiker auf die Idee einen Mindestlohn zu fordern.
Nach jahrelangem Widerstand der Industrie geht der Mindestlohn sogar durch und wird Gesetz.
Damit geht es aber nun endlich aufwärts, oder?
Jetzt verdient doch wenigstens einer der drei Bäckermeister genug um davon leben zu können, oder?

Nun, es könnte aufwärts gehen, aber zuerst mal redet die Bank bei dem Gesetz hinter den Kulissen ein Wörtchen mit.
Da werden dann Ausnahmen gemacht, wie z. B., dass Langzeit-Arbeitslose auch weniger bekommen können.
Dass die Bank da überhaupt mitgeredet hat fällt den meisten Bürgern gar nicht auf, denn auf den ersten Blick scheint das ja vernünftig zu sein.
Erst auf den zweiten Blick erkennt man, dass diese Ausnahme das genaue Gegenteil von dem bewirkt, was das Gesetz beabsichtigt.
Die Bank wird einfach alle 6 Monate ihren Angestellten herauswerfen und in einer neuen Runde von Lohnverhandlungen mit einer ganzen Horde von arbeitslosen Bewerbern dem nächsten Angestellten in einem auf 6 Monate befristeten Arbeitsvertrag noch weniger Lohn bezahlen als dem Vorherigen.

Wenn alle Stricke reißen und sich trotz aller Anstrengungen nichts mehr aus der Bevölkerung und dem Staat raus pressen lässt, oder wenn die Bank so viele Gewerbe ruiniert hat, dass der verbleibende Rest nicht mehr genug erwirtschaften kann um die Geldgier der Bank zu befriedigen, dann zieht die Bank die Reißleine.

Im Idealfall kurz bevor erkennbar wird, dass die ganze Stadt den Bach runter geht, verkauft die Bank ihren Besitz an einen Investor, der blöd genug ist die Situation der Stadt nicht zu erkennen, aber selbst wenn sich kein Käufer finden sollte ist das für die Bank kein Beinbruch.

Die Bank hat in jedem Fall sehr viel Geld verdient ohne selbst irgendetwas geleistet zu haben, ob da noch das Sahnehäubchen des Verkaufs am Schluss dazu kommt oder zum Ende ein Verlust abgeschrieben werden muss ist für die Bank unwichtig.

Der Plan war von Anfang an nur möglichst schnell möglichst viel Geld zu verdienen und mit dem verdienten Geld dann in die nächste Stadt oder das nächste Land zu ziehen, wo man dasselbe Spiel in viel größerem Umfang und viel schneller nochmal von vorne spielen kann.

Exponentieller Zinseszins

Das geht euch alles nichts an, oder?
Ihr kauft euer Brot beim Bäcker und müsst dafür keine
Zinsen bezahlen, oder?
Solange ihr noch Arbeit habt und davon leben könnt ist
die Armut der Anderen zwar bedauerlich, aber
unvermeidlich, oder?

Nun, vielleicht interessiert es euch, dass in den Städten
wo es tatsächlich noch Bäckereien gibt, die nicht
vollständig im Besitz einer Bank sind, Brot im Schnitt
30 - 50 % billiger wäre, wenn die Bäckerei keine
Schulden bei irgendeiner Bank hätte, auf die sie so viele
Zinsen bezahlen muss, dass sie auf den eigentlichen
Brotpreis 30 - 50 % aufschlagen muss nur um die Zinsen
auf ihre Schulden zu bezahlen.
Am Ende verlassen die Einwohner, inklusive der vormals
wohlhabenden Maurer ihre verarmte Stadt, reisen dem
Geld hinterher und versuchen am neuen Ort zu drastisch
schlechteren Bedingungen wenigstens nicht zu
verhungern und absolut alle haben verloren.

Das gilt nicht nur für Brot, das gilt für absolut alles was
irgendwie mit Geld zu tun hat oder mit Geld gekauft
werden kann.
Jedes noch so windige Schräubchen, jede Bratwurst vom
Schnellimbiss, es gibt in der Kette vom Hersteller bis
zum Endverbraucher immer einen oder mehrere
Beteiligte, die ihr Geschäft mit einem Kredit eröffnet

haben und aus ihren Gewinnen nun die Zinsen für diesen Kredit bezahlen.

Am allerschlimmsten, aber auch am ehesten logisch ist das bei Mietwohnungen.

Mietwohnungen sind in den allermeisten Fällen Eigentumswohnungen, die der Eigentümer als Kapitalanlage gekauft hat, meistens mit einem Minimum an Eigenkapital und einem Maximum an Kredit.

Banken sind immer gerne bereit Kredite zu geben, wenn Wohneigentum als Sicherheit verpfändet wird, da sind Laufzeiten von 25 Jahren und minimalste Tilgungsraten gar nicht ungewöhnlich.

Für den Eigentümer und Vermieter ist die Rechnung relativ einfach, denn solange seine Mieter die Miete pünktlich bezahlen, muss er während der Laufzeit des Kredits keine dicken Gewinne machen, wenn er es schafft seinen Kredit vollständig abzubezahlen gehört ihm nach 25 Jahren die Wohnung und der Restwert des dann Altbaus ist gerade genug um für sein ursprüngliches Eigenkapital eine kleine Rendite zu ergeben.

Dem Mieter bleibt gar nichts anderes übrig als die hohen Mieten zu bezahlen, denn solange alle Vermieter so rechnen gibt es schlicht keine Mietwohnungen zu günstigeren Preisen.

Wissen sollte der Normalverbraucher nur, dass die Bank in dieser Geschichte teilweise über 90 % der Miete an Zinsen abkassiert ohne das geringste Risiko einzugehen, denn wenn die Mieter ihre Miete nicht bezahlen und dadurch der Vermieter pleitegeht, dann wird die Wohnung zum Eigentum der Bank, während der eigentliche Eigentümer noch sehr lange Zinsen auf einen

Kredit bezahlen muss, von dem er außer Schulden nichts mehr hat.

Aber Supermärkte gehören doch nicht der Bank, oder?
Die Aldi-Brüder sind doch stinkreich und beim Aldi ist alles so billig, da sind doch bestimmt keine Zinsen drauf, oder?
Aldi macht ja nicht viel Werbung, aber die meisten Leute haben schon davon gehört, dass Aldi es zum Firmenprinzip gemacht hat, ohne Schulden auszukommen, da kann ja wohl wirklich keine Bank dahinter stecken, oder?

Nun, wer produziert die Produkte die Aldi verkauft?
Milch, Fleisch und Ähnliches wird offensichtlich auf Bauernhöfen produziert.
Kennt jemand einen schuldenfreien Bauernhof? Ich nicht.
Da können die Aldi-Brüder noch so reich sein, sie geben trotzdem die Zinsen die ihre Zulieferer auf ihre Produktion bezahlen an den Endkunden weiter.
Selbst wenn es einen schuldenfreien Bauernhof gibt, dann bekommt jeder Zuckerrübenbauer vom Staat fette Subventionen die der Staat mit Staatsschulden finanziert, die wiederum wir alle mit unseren Steuern bezahlen.
Alleine unsere Staatsschulden belasten uns alle mit etwa 10 % aller Steuern die wir bezahlen.
19 % Mehrwertsteuer findet ihr viel?
Nun, etwa 10 % davon, oder auch knapp 2 % total sind Zinsen auf Staatsschulden, wenn es keine Staatsschulden gäbe könnte der Staat die Mehrwertsteuer sofort auf 17 % senken.

Ihr wusstet das nicht? Zumindest nicht, dass das sauer verdiente Geld von den Banken aufgesaugt wird wie Regen in der Wüste?

Nun, wie schwer kann es sein das zu sehen?

Jeder der mal einen Kredit für irgendetwas aufgenommen hat weiß doch, dass der effektive Jahreszins mit dem die Banken werben überhaupt nichts aussagt.

Von Krediten mit 25 Jahren Laufzeit will ich gar nicht erst reden, schon für einen Kleinkredit der vielleicht 5 Jahre läuft musste man bis vor Kurzem insgesamt etwa das Doppelte zurück bezahlen.

Wir haben alle erlebt, wie eine Bankenkrise fast die gesamte Wirtschaft lahmgelegt hat, nur weil die Banken der Wirtschaft keine Kredite mehr geben wollten.

Viel offensichtlicher ist es nicht zu machen, dass heutzutage absolut alles vollständig abhängig von Kredit ist und daraus kann jedes Kind in der ersten Klasse Mathematik folgern, dass absolut alles vollständig in einer immer erdrückenderen Zinslast erstickt.

Euch allen müsste klar sein, dass der Zinseszins eine Exponentialkurve ins Unendliche ergibt, die heute kurz davor ist eine Senkrechte zu werden.

Dass die Banken in dieser Geschichte von Anfang an reine Schmarotzer waren, die zu keiner Zeit das Geringste zum Wohl der Gesellschaft getan haben, sollte wirklich jedem klar sein.

Das hat was von Religion.

Alle Religionen zeigen großspurig auf all die wohltätigen Dinge die sie auf der Welt tun, die angeblich beweisen wie gut die Religionen für die Welt sind.

Dass insbesondere die katholische Kirche sich im Mittelalter ihren Reichtum zusammengeraubt, zig1000 Menschen ermordet und in vielen Gegenden das Problem von Anfang an selber verursacht hat sagen sie genauso wenig dazu wie ein Banker zugeben würde, dass seine Bank rücksichtslos alles an sich reißt was in ferner Zukunft mal ein paar Cent wert werden könnte.

Stattdessen preisen sie sich selbst, wenn sie mal wieder ein paar Milliarden daran verdient haben, unbedarften Sparern Schrott-Immobilien oder Schiffsfonds zu Wucherpreisen verkauft zu haben.

Sie werben mit angeblich günstigen Kreditkonditionen und lassen sich bemitleiden, wenn der kleinste geplatzte Kredit sie an den Rand der Pleite treibt.

Exportierte Probleme

Aber wir haben doch gar keine Inflation, oder?
Die Wirtschaft brummt, wir sind Exportweltmeister und die Kanzlerin hat gesagt Deutschland geht es gut.
Wir haben uns 15 Jahre lang mit den Lohnforderungen zurückgehalten, jetzt sind wir wettbewerbsfähig, die ganze Welt kauft unsere Produkte und wir leben im Wohlstand, oder?

Nun, wenn ihr glaubt die Griechen und die Italiener werden euch in 20 oder 30 Jahren eure Rente bezahlen, dann könnt ihr euch auf einen gemütlichen Lebensabend freuen, aber bereitet euch mal auf ein ganz böses Erwachen vor.
Die deutsche Industrie exportiert pro Jahr für etwa 200 Milliarden mehr Güter, als sie importiert.
Aber was bekommen wir dafür zurück, solange wir immer weiter immer mehr exportieren als importieren?

Nun, wir bekommen Schuldscheine, nichts weiter, immer mehr neue Schuldscheine.
Da spielt es überhaupt keine Rolle wie viel Kaffee wir aus Brasilien importieren, wie viel Olivenöl aus Italien kommt oder wie viele Orangen Spanien uns liefert, unterm Strich exportieren wir mehr als wir importieren, einfach weil wir mehr produzieren als wir verbrauchen.

Wir können nun so weiter machen und immer mehr Schuldscheine sammeln, das macht sich in der Bilanz ganz gut, weil es zumindest auf dem Papier so aussieht als hätten wir nicht ganz so viele Schulden, solange wir diesen Berg Schuldscheine als Guthaben verbuchen.

Dumm daran ist nur, dass wir diese Schuldscheine nur einlösen könnten, wenn wir ein Handelsbilanz-Defizit hätten.

Geld ist nur ein Mittel den Tauschhandel zu erleichtern, Schulden aus Warenlieferungen können nur mit Warenlieferungen bezahlt werden, denn solange wir weiterhin für jede zusätzliche Kiste Apfelsinen die wir importieren gleichzeitig zwei zusätzliche Kisten Bier exportieren verschieben wir bestenfalls die Schuldscheine von einer Stelle zur Nächsten, aber die Anzahl der Schuldscheine die wir dabei sammeln wird ständig größer.

Zwar ist es egal ob wir direkt von dem Land Waren zurück bekommen an das wir liefern oder an ein Land Waren liefern und dafür von einem anderen Land Waren zurück bekommen, dafür ist Geld genau das richtige Mittel, wichtig ist aber, dass alle Länder der Welt eine ausgeglichene Handelsbilanz haben müssen, weil ein Land das permanent mehr importiert als exportiert automatisch immer neue Schulden anhäuft und diese niemals bezahlen kann.

Genauso wird ein Land das permanent mehr exportiert als es importiert immer mehr Schuldscheine sammeln, ohne dass die Schulden jemals bezahlt werden könnten.

Was hat Deutschland mit seiner Wettbewerbsfähigkeit also erreicht?

Nun, wir haben vorübergehend unsere Arbeitslosigkeit exportiert.

Wir haben Güter für die halbe Welt produziert, unsere Nachbarn im Preiskampf so lange unterboten bis wir billiger waren als deren heimische Wirtschaft und dann haben wir ihnen auf Pump unsere Überproduktion verkauft.

Dadurch ist in diesen Ländern die Wirtschaft zusammengebrochen und die Arbeitslosenzahlen sind auf immer neue Rekordniveaus gestiegen, während bei uns zwar mehr Menschen Arbeit haben, aber dafür nur noch Hungerlöhne bezahlt werden.

Als die ersten Staaten dann so verschuldet waren, dass auch die dümmsten Politiker einsehen mussten, dass es so nicht weiter gehen kann, kam von den Gläubigern die Forderung die Pleitestaaten müssten wettbewerbsfähiger werden.

Nehmt euch ein Beispiel an uns, wir Deutschen haben 15 Jahre lang unsere Wettbewerbsfähigkeit verbessert und jetzt sind wir fein raus, ihr müsst nur dasselbe machen wie wir, dann geht es euch auch wieder gut, vor allem müsst ihr zuerst mal die Löhne senken, damit eure Produkte wettbewerbsfähiger werden.

Der Binnenmarkt

Leider hat man vergessen diesen Pleitestaaten dazu zu sagen, dass eine Lohnsenkung vollautomatisch zu einem Zusammenbruch des Binnenmarkts führt.

Auch in Deutschland liegt nach 15 Jahren Lohnzurückhaltung der Binnenmarkt völlig am Boden, dies wird nur dadurch verschleiert, dass die fallende Binnennachfrage durch immer größere Exportüberschüsse ausgeglichen wird, was zwar auf dem Papier gut aussieht, die Millionen von Minijobbern aber in eine Altersarmut stürzen wird, die wir alle später mal in Form von Sozialhilfe bezahlen müssen.

In anderen Ländern, die keinen so hohen Exportüberschuss haben schlägt eine schwächelnde Binnennachfrage immer sofort auf das gesamte System durch.

Arbeitnehmer die 30 % weniger verdienen, erarbeiten sich nicht nur weniger Rentenansprüche, sie kaufen sofort für 30 % weniger Güter ein.

Die Firmen machen 30 % weniger Umsatz, entlassen 30 % ihrer Leute, zahlen 30 % weniger Steuern, die Staatsschulden werden im Verhältnis zum Bruttoinlandsprodukt um 30 % größer und die Zinslast auf die Schulden wird unbezahlbar.

In einem Land wie Griechenland, was zu 80 % von seinem Binnenmarkt lebt und nur 20 % Außenhandel betreibt von dem es jedes Jahr ein paar % Defizit macht, ergibt es nicht den allergeringsten Sinn den Binnenmarkt um 30 % zu schrumpfen nur um in der Außenhandelsbilanz wettbewerbsfähiger zu werden. Schon gar nicht, wenn man bedenkt, dass nach 15 Jahren Lohndumping in Deutschland die Löhne im Rest von Europa teilweise um 50 % höher liegen.

Das wirklich Dumme an der Geschichte ist, dass diese 50 % Lohnerhöhung nicht bei den Menschen angekommen ist, denn auch wenn im Durchschnitt die Löhne um 50 % gestiegen sind hat die Inflation in den Ländern das vollständig aufgefressen und gleichzeitig hat die rasant steigende Arbeitslosigkeit dafür gesorgt, dass überhaupt niemand davon profitiert, sondern die Mehrheit 50 % verloren hat.

Auch hierzulande ist der allergrößte Teil des Geldes in den Banken versickert, die das Geld dazu verwendet haben ihre Schulden aus den geplatzten Immobiliengeschäften in den USA auszugleichen.
Jetzt sind zwar in Deutschland die meisten Banken saniert, aber das Geld ist futsch, die Schulden der Banken wurden auf dem Umweg über die europäische Zentralbank auf die Staatsschulden umgebucht, die Schuldscheine der Pleitestaaten stapeln sich bei der europäischen Zentralbank und zurück bleibt ein Südeuropa in dem die Wirtschaft völlig am Boden liegt, fast jeder Zweite arbeitslos ist und keinerlei Aussicht darauf besteht jemals aus eigener Kraft wieder aus der Schuldenfalle heraus zu kommen.

Wer glaubt, dass ausgerechnet diese Staaten in der Zukunft unsere Rente bezahlen können, der sollte dringend mal seinen Verstand untersuchen lassen.

Wettbewerb durch Lohnsenkung

Trotzdem tönt es aus Brüssel nach wie vor, ihr müsst sparen, die Löhne senken und wettbewerbsfähiger werden.
Die Frage ist nur, gegenüber wem sollen sie wettbewerbsfähiger werden?
Einfach nur billigere Güter produzieren reicht ja nicht, die müssen auch verkauft werden und je billiger sie sind, desto mehr muss verkauft werden um das Geld für die Tilgung der Schulden aufzubringen.

Lohnsenkung führt zu Rückgang in der Binnennachfrage bis zum völligen Kollaps des Binnenmarktes und wenn die eigene Bevölkerung nicht mehr die Mittel hat, die heimische Produktion zu kaufen, dann finden Produkte auch für noch so kleine Preise immer noch keine Abnehmer.
Nach deutschem Vorbild müssten die Güter so billig werden, dass sie 50 % billiger sind als die Konkurrenz im Ausland und sie müssten 15 Jahre lang so viel billiger bleiben, bis die Pleitestaaten so viel exportiert hätten wie sie vorher importiert haben.

Dumm nur, dass diese Konkurrenz ausgerechnet Deutschland ist und noch viel dümmer ist, dass nach 75 % Preissenkung etwa das 4fache an Gütern exportiert werden müsste um auf dieselbe Summe zu kommen die sie vorher an Schulden angehäuft haben.
Aber selbst wenn Südeuropa die Preise so drastisch senken würde, wie sollen wir Deutschen das 4fache

unserer eigenen Exporte an Importgütern verbrauchen während wir selber weiterhin mehr produzieren als wir verbrauchen?

Nun ist es einem Arbeiter in Südeuropa der ohnehin nur 3 - 500€ pro Monat verdient wirklich nicht zuzumuten eine 75 %ige Lohnkürzung hinzunehmen, aber selbst wenn die Industrie es durchsetzen könnte die Löhne so weit zu senken, was würde dann passieren?

Nun, Südeuropa wäre in Nordeuropa wieder wettbewerbsfähig, sie würden ihre Güter an alle nordeuropäischen Staaten verkaufen, fast so wie Deutschland das heute nach Süden macht, sie würden Schuldscheine sammeln und Arbeitslosigkeit exportieren.

Schulden bezahlen würden sie immer noch nicht, denn die Inhaber der Schuldscheine kaufen keine Güter, die produzieren selber so viel, dass sie immer noch weiter verkaufen und immer noch weiter selber Schuldscheine sammeln würden.
In der europäischen Zentralbank würde sich neben dem Stapel Schuldscheine aus Südeuropa noch ein zweiter Stapel Schuldscheine aus Nordeuropa auftürmen.
Dieselben Banken die schon am Ruin Südeuropas dick verdient haben würden am Ruin Nordeuropas nochmal dick verdienen, aber die Endverbraucher in Südeuropa die schon vor der Lohnsenkung nicht von ihrem Einkommen leben konnten, bekämen auch nach der Lohnsenkung nicht einen Cent von den Gewinnen aus dem Export ab.

Ein paar heute arbeitslose Südeuropäer bekämen für 1/4 von einem Hungerlohn eine Arbeit, aber leben könnten sie davon immer noch nicht.

In allen Staaten Nordeuropas würde dafür die Arbeitslosigkeit rasant steigen, die Wirtschaft würde in Nordeuropa zusammenbrechen, Staaten wie Frankreich wären praktisch sofort pleite und die deutsche Wirtschaft würde einen Kollaps erleben gegen den die Weltwirtschaftskrise 1929 ein Kindergeburtstag war.

Lange bevor Südeuropa auch nur annähernd auf den Stand von vor dem Zusammenbruch käme, von Wachstum gar nicht zu reden, hätten die Verbraucher in ganz Europa nicht mehr die Kaufkraft überhaupt irgendetwas zu kaufen, weder aus der heimischen Produktion noch aus dem Import.

Schulden haben wir alle schon jetzt über beide Ohren, noch mehr Kredit um noch mehr Überproduktion aufzukaufen, nochmal dasselbe Spiel von Export auf Pump, nur diesmal von Süd nach Nord ist nicht machbar, denn diesen Kredit geben uns die Banken nicht mehr.

Wozu auch, wir brauchen die zusätzlichen Güter ohnehin nicht.

Das Spiel mit dem Export auf Pump würde also nicht 15 Jahre gehen, wie das von Nord nach Süd ging, es wäre nach ein paar Monaten schon wieder vorbei.

Ganz genau dasselbe Spiel treiben übrigens die Chinesen, nur mit noch viel drastischeren Mitteln.

Die Chinesen sind das beste Beispiel für das, was am Ende dabei rauskommt, wenn man ungebremste Produktion mit industrieller Produktivität paart und dabei die Löhne unter dem Existenzminimum hält.

In China boomt die Wirtschaft, weil dort derartig winzige Löhne gezahlt werden, dass chinesische Produkte billiger sind als heimische Produkte im gesamten Rest der Welt. China exportiert gigantische Mengen von Gütern in alle Welt und sammelt Schuldscheine.

Wenn die Chinesen eines Tages ihre Forderung gegenüber den Amerikanern einlösen wollten, wären die USA über Nacht so bankrott, dagegen ist Griechenland eine blühende Wirtschaft.

Nun können die USA dank einer eigenen Währung den Dollar beliebig abwerten und ihre Schulden mit der Druckerpresse bezahlen, was Südeuropa nicht kann, trotzdem würde in den USA das Chaos ausbrechen, weil es eine heimische Wirtschaft dort praktisch nicht mehr gibt.

Das chinesische Volk macht im Moment genau so gute Miene zum bösen Spiel gegenüber den USA, wie die Deutschen das gegenüber Südeuropa machen.

Wissend dass die Schuldner ihre Schulden niemals bezahlen können vergrößert die Politik immer weiter die Kredite.

Jeder Chinese der dabei einen guten Arbeitsplatz erwischt und sich plötzlich ein Auto leisten kann glaubt daran, dass alles gut ist.

Solange die arbeitende Bevölkerung weiterhin daran glaubt, dass gigantische Exportüberschüsse etwas Gutes sind, kann man die Reichen noch viel Reicher machen und im Mittelstand wenigstens einem Teil der Menschen vorgaukeln der Wohlstand des Landes würde grösser, nur weil sich bei ständig wachsender Armut wenigstens ein paar Menschen aus der Mittelklasse eine Existenz aufbauen können.

Vorsätzlich übersehen wird dabei, dass die wachsende Armut irgendwann zu groß werden wird.

Schon heute müssen in allen Staaten der Welt Polizei und Militär immer weiter verstärkt werden um die aufkommenden Unruhen in der Bevölkerung zu unterdrücken.

Kampf gegen den Terror ist dabei nur eine willkommene Ausrede, hinter der man die Unterdrückung des eigenen Volkes verstecken kann.

Es ist nur eine Frage der Zeit, bis alles Militär der Welt den Volksaufstand nicht mehr verhindern kann.

Deutschland geht es gut, oder?
Deutschland hat alles richtig gemacht, oder?
Deutschland ist von allen europäischen Ländern am besten durch die Finanzkrise gekommen, oder?

Nun, wir haben egoistisch und rücksichtslos halb Europa ruiniert, gleichzeitig mit Dumpinglöhnen auch den deutschen Binnenmarkt fast ruiniert und jetzt wundern wir uns, dass der Rest von Europa uns nicht dankbar dafür ist, wenn wir ihnen in ihrer Misere ab und wann ein Almosen zukommen lassen.

Na ok, nicht wir alle, die Meisten von uns haben zugeschaut wie die Kaufkraft unserer stagnierenden Löhne jedes Jahr kleiner wurde, während die Banken sich die Taschen vollgestopft haben, nur um all ihr Geld umgehend in hochriskanten Geschäften zu verzocken.

Am Ende haben alle verloren, die Staaten sind fast alle nahe an der Pleite, die Bevölkerung verliert immer mehr ihre Kaufkraft und damit ihren Wohlstand, Firmen investieren nicht mehr, weil sie trotz aller

Wettbewerbsfähigkeit keine Abnehmer mehr für die gewaltige Überproduktion finden und die Menschen haben diese Entwicklung so satt, dass bei jeder neuen Wahl in allen europäischen Staaten rechtsextreme Parteien immer mehr Zulauf bekommen.

Hatten wir das nicht schon mal?
Haben wir nichts daraus gelernt?
Haben unsere korrupten und gierigen Mächtigen und Reichen vor lauter Geld zählen vergessen, dass zu viel Armut und Hoffnungslosigkeit in der Bevölkerung zu rechtsextremen Gedanken führt?
Keine Erinnerung mehr daran, dass in einem Krieg auch die Besitztümer der Reichen vernichtet werden?

Wer mal in Rio de Janeiro oder in Sao Paulo war und gesehen hat wie dort die Reichen hinter hohen, stacheldrahtbewehrten Mauern leben, dem muss zwangsläufig auffallen, dass die Reichen sich praktisch Gefängnisse für sich selber bauen müssen, wenn sie die Armen nicht an ihrem Wohlstand teilhaben lassen wollen.
Kann das wirklich im Sinne der Reichen sein, und wenn nicht, warum machen die Reichen das trotzdem so?

Wachstum als Allheilmittel

Aber das Problem ist doch die Korruption in Südeuropa, oder?
Die wenigen Reichen, die ihr Geld ins Ausland geschafft haben müssen einfach nur dingfest gemacht und zur Kasse gebeten werden, dann geht es Südeuropa wieder gut, oder?

Nun, sicherlich ist Korruption ein großes Problem auf dieser Welt, aber da wäre zunächst einmal die Frage, wer schmiert denn die Politiker in Griechenland damit sie deutsche U-Boote kaufen statt Schulen und Straßen zu bauen?
Was würde passieren, wenn die Korruption in Südeuropa schlagartig aufhören würde?
Nun, zuerst würden die Menschen in Südeuropa besser leben, aber sofort danach würde in Deutschland der Export zusammenbrechen und wenn die Milliarden, die heute an Bestechungsgeldern fließen nach einer anderen Anlageform suchen bricht auch der Finanzmarkt zusammen.

Aber wenn wir die Reichen zur Kasse bitten, dann können doch alle ihre Schulden bezahlen, oder?
Die obersten 10 % der Bevölkerung kontrollieren 90 % des Geldes, denen muss man nur einen Teil vom Geld wegnehmen, dann geht es allen wieder gut, oder?
Die Schuldner sollen ihre Schulden bezahlen, dann haben die Gläubiger genug Geld um zu investieren und die Wirtschaft anzukurbeln, oder?

Nun, was sollen sie denn ankurbeln?

Wir produzieren jetzt schon mehr als wir verbrauchen, was sollen wir mit noch mehr Produktion?

Wem sollten wir eine noch größere Überproduktion verkaufen und wie sollen die dafür bezahlen?

Wenn die Pleitestaaten durch ein Wunder ihre Schulden bezahlen könnten und das auch machen würden, dann nutzt es nicht das Geringste, wenn wir dieses Geld in noch mehr Wachstum, noch mehr Überproduktion und noch mehr Export umsetzen, denn völlig egal wer dann diese neue Überproduktion von uns kaufen soll, er kann auch wieder nur mit Schuldscheinen bezahlen, er wäre kurz danach genauso pleite wie Südeuropa heute und wir hätten nur die Schuldscheine der Einen, gegen noch mehr neue Schuldscheine von Anderen eingetauscht.

Am Ende verschieben wir nur die Schulden von einer Stelle zur Nächsten, aber das Problem wird im Verlauf nicht kleiner, im Gegenteil, es wird exponentiell größer, weil eine exponentiell steigende Zinslast unaufhaltsam in den totalen Kollaps führen muss, völlig egal wer die Schulden hat und wer die Gläubiger sind.

Es gibt ja neuerdings immer neue Vorschläge von den Wirtschaftswissenschaftlern, aber kein Einziger denkt auch nur daran das Problem überhaupt sehen zu wollen.

Die Einen wollen mit immer offeneren Märkten, immer neuen Freihandelszonen, immer größeren Organisationen immer mehr Wettbewerbsfähigkeit erzeugen und glauben an eine allmächtige Wirtschaft, die schon genug Wachstum erzeugen wird, damit es allen gut geht, wenn nur endlich die Löhne soweit gedrückt werden, dass die

Arbeitnehmer endgültig nicht mehr von ihrer Arbeit leben können.

Andere wollen mit immer neuen Schulden immer neue Konjunkturpakete auflegen, immer neue Anreize schaffen, damit die Industrie endlich wieder investiert, wächst und einen Wohlstand schafft aus dem heraus wir dann unsere Schulden bezahlen können.

Wieder andere wollen die Löhne erhöhen, so dass die Menschen von ihrem Lohn leben können, übersehen aber, dass dies nur zu mehr Arbeitslosen und rasanter Inflation führt, ohne dass die reale Kaufkraft des Gesamtsystems steigt, sprich am Ende mehr Leute überhaupt nichts mehr haben und die wenigen die noch etwas haben von ihren höheren Löhnen immer noch nicht leben können.

Niemandem fällt auf, dass Wachstum über den Bedarf hinaus automatisch zum Zusammenbruch des gesamten Systems führt.

Dass weder neue Schulden noch die Reduzierung der Kaufkraft der Bürger etwas nutzt sondern im Gegenteil der Zusammenbruch dadurch nur noch beschleunigt wird, davon will überhaupt niemand etwas wissen.

Ob Länder wie Deutschland mit Dumpinglöhnen und immer neuen Exportrekorden noch eine Weile ihre Bilanzen schönen können oder Länder wie die USA mit immer mehr neuen Schulden eine Notversorgung ihrer Bevölkerung noch eine Weile aufrechterhalten können macht überhaupt keinen Unterschied.

Ob Griechenland zuerst pleite macht und Deutschland zuletzt oder andersrum ist global gesehen unerheblich, denn am Ende sind garantiert alle pleite.

Der Todeskampf des Kapitals

Wir sind längst über das Stadium hinaus, wo eine Bank sich die Bäckereien in einer Stadt aneignen kann, ganze Staaten gehören heute faktisch den Banken, wir sind längst in einem Stadium wo die Banken keine neuen Reviere mehr finden in denen sie ihre Gier befriedigen könnten, weil es längst überall Banken gibt, denen längst fast alles gehört.

Heute bekämpfen sich Banken untereinander, da wird mit gigantischen Summen an den Börsen spekuliert in der verzweifelten Hoffnung dort die Gewinne machen zu können die in der Realwirtschaft nicht mehr möglich sind.

Die Börse ist aber ein Nullsummenspiel, völlig egal wer da mit einem glücklichen Händchen die richtigen Aktien kauft oder verkauft, völlig egal wie viel Gewinn einer machen kann, jeder noch so kleine Gewinn bedeutet, dass irgendwo auf der Welt irgendjemand genau dieselbe Summe verliert.

Viel schlimmer, wir sind auch über das Stadium möglicher Spekulationsgewinne längst hinaus.

Die Banken zocken an den Börsen ohne jede Rücksicht auf Risiken, immer neue Finanzderivate werden erfunden um immer mehr Geld auf einen Turm zu stapeln der von Anfang an kein Fundament hatte.

In schöner Regelmäßigkeit gewinnen dann ein paar der Banken bei den Spekulationen, während am anderen Ende den Verlierern die Pleite droht, aber der Umfang der Spekulationen ist längst so groß geworden, dass durch eine Pleite der Verlierer das gesamte System zusammenbrechen würde, darum müssen alle Banken die sich verzockt haben immer wieder mit Steuermitteln gerettet werden.

Wie absurd das ist erkennt man, wenn man nur mal in die Bilanzen dieser Banken schaut, wenn man sieht, dass den Summen mit denen da spekuliert wird nur ein winziger Bruchteil an tatsächlichem Kapital zugrunde liegt.

Worin liegt bitte der Sinn, wenn eine Bank für jeden Euro den sie irgendwoher bekommt 10€ verleihen kann?

Wenn Banken sich in einem Kreislauf untereinander Geld leihen und in jedem Schritt die Summe ver10facht wird, dann werden selbst bei 0,1 % Zinsen am Ende für jeden echten Euro der irgendwo existiert 10 Euro Zinsen verlangt.

Nein, das ist keine Utopie, das ist längst Tatsache.

Mehrere Banken die sich untereinander Geld leihen, wo jede Bank die Summe ver10facht, so lange bis der Kreislauf wieder bei der Bank ankommt die den Kreislauf angefangen hat, das ist nicht nur möglich, das gibt es tatsächlich, ganz offiziell und legal.

Am Ende haben alle beteiligten Banken Billionen an Krediten im Umlauf und kassieren Milliarden an Zinsen, weil nur eine der Banken ganz zu Anfang mal ein winziges Eigenkapital hatte.

Wie offensichtlich kann es sein, dass ein Geldkreislauf der völlig abgekoppelt von der Realwirtschaft immer schneller immer mehr Geld ohne jeden realen Gegenwert erzeugt zusammenbrechen muss, sobald die Gewinner dieser Spekulationen versuchen für ihr gewonnenes Geld auf dem realen Markt reale Güter zu kaufen?

Wenn Großbanken die Getreideproduktion der Welt aufkaufen, dann verhungern in den armen Ländern die Menschen und wenn die Armen verhungert sind haben die Reichen niemanden mehr zu unterdrücken.

Wenn dann eine steuer- und spendenfinanzierte humanitäre Hilfe den Ärmsten Lebensmittel liefert, dann ist das völlig absurd, denn es heißt nichts anderes, als dass die Allgemeinheit die Gewinne der Spekulanten bezahlt.

Wenn dann auch noch die Verlierer der Spekulationen ihre Verluste vom Steuerzahler ersetzt bekommen, dann reicht exponentielles Wachstum schon gar nicht mehr aus um das Problem zu beschreiben, dann ist es von Anfang an unmöglich das System über längere Zeit am Leben zu halten, einfach weil die Realwirtschaft unmöglich jedes Jahr das 1000fache ihrer gesamten Leistung an Zinsen aufbringen kann, selbst wenn die Staaten 100 % Steuern auf alles verlangen würden.

Interessanterweise scheint den Mächtigen dieses Problem bewusst zu sein, darum werden immer neue, immer abenteuerlichere Konstruktionen von Finanzprodukten erfunden in denen der gewaltige Überschuss an Geld gebunden werden soll, denn wenn all dieses Geld sich in den realen Markt ergießen würde, gäbe es eine so rasante Inflation, dass praktisch alle Geldwerte der Welt über Nacht vernichtet werden würden.

Weil damit aber auch die Macht der Reichen vernichtet würde tun die Reichen alles um dies zu verhindern.

Dumm nur, dass das exponentielle Wachstum der Zinslasten davon nicht aufgehalten wird, sprich in exponentieller Geschwindigkeit neue Finanzprodukte erfunden werden müssen um das Kapital davon abzuhalten sich selbst zu vernichten.

Aber wir haben doch gar keine Inflation, oder?
Die Zinsen sind nahe null und damit wird doch die Zinslast kleiner, oder?
Wenn die Zinsen noch eine Weile so niedrig bleiben, dann kann doch die Wirtschaft Kredite aufnehmen, investieren, Arbeitsplätze schaffen und dann geht es allen gut, oder?

Nun, in der Realwirtschaft werden Kredite nicht nur nicht mehr vergeben, weil die Reichen lieber abgekoppelt von der Realwirtschaft einfach nur Geld zu mehr Geld machen, Kredite werden von der Realwirtschaft kaum noch gebraucht.
Zwar haben rücksichtslose Staaten wie Deutschland es geschafft das Problem vorübergehend zu exportieren, aber global gesehen schrumpft die Realwirtschaft.

Ein Wettbewerb braucht immer einen Konkurrenten gegen den man gewinnen kann, für jeden Gewinner muss es irgendwo einen Verlierer geben der dem Gewinner seinen Gewinn bezahlt, global gesehen kann die Welt nicht wettbewerbsfähiger werden, weil die Welt als Ganzes keine Konkurrenten hat.
Die Welt produziert insgesamt mehr als alle ihre Einwohner verbrauchen und völlig egal wer in dieser Situation kurzzeitig noch Gewinne machen kann, global gesehen geht es stetig bergab, weil der Versuch durch niedrigere Löhne wettbewerbsfähiger zu werden einfach nur die Kaufkraft der Bevölkerung reduziert, was zu

weniger Konsum und damit einer effektiv noch höherer Überproduktion führt.

Wenn die Zinsen in Europa und den USA heute unter 1 % liegen, dann klingt das ja nicht schlecht, aber wenn man bedenkt, dass dem im Vergleich zu früher ein zig1000faches an Geld gegenübersteht, dann bezahlen wir heute trotz niedrigster Zinssätze in absoluten Zahlen mehr Zinsen als jemals zuvor.

Davon abgesehen haben die Staaten die es brauchen könnten überhaupt nichts davon, denn die schöne Idee von der gleichen Währung für alle, gleichen Zinssätzen für alle, gleiche Chancen für alle, ist längst im Schuldensumpf untergegangen.

Für griechische Staatsanleihen müssen die Griechen heute auf dem freien Kapitalmarkt um die 10 % Zinsen bezahlen und selbst zu diesen Zinssätzen bekommen die Griechen nur deshalb noch Kredit, weil die europäische Zentralbank praktisch dafür bürgt griechische Staatsschulden in unbegrenzter Höhe zu übernehmen.

Wenn Wachstum nicht funktioniert, dann brauchen wir mehr Wachstum

Aber wir brauchen doch Wachstum, oder?
Wachstum erhöht den Wohlstand für alle, oder?
Wenn wir nur schnell genug wachsen, dann können wir aus unseren Schulden herauswachsen, oder?
Wir investieren mit den Schulden von heute in die Zukunft, damit unsere Nachkommen in einer besseren Welt leben können nachdem das Wachstum unsere Schulden bezahlt hat, oder?

Nun, was soll denn wachsen?
Die Produktion, die ohnehin schon mehr produziert als die Menschen verbrauchen?
Die Vermögen, die ohnehin schon ein Vielfaches der Realwirtschaft erreicht haben?
Der Wohlstand der Reichen, die ohnehin schon nicht mehr wissen, was sie mit ihrem ganzen Geld machen sollen?

Nein, das Einzige was heute noch wachsen könnte ist der Wohlstand der kleinen Leute.
Sauberes Trinkwasser, gute Lebensmittel, medizinische Versorgung und Schuldbildung für die Ärmsten, das wäre dringend nötig um den Millionen von Wirtschaftsflüchtlingen eine Zukunft im eigenen Land zu bieten.
Befriedung und Entwicklung der Kriegsgebiete bevor der Krieg zu uns rüber schwappt, das wäre dringend nötig

um die Gefahr eines dritten Weltkriegs dauerhaft zu eliminieren.

Aber solange die Mächtigen glauben, man muss einfach genug vom Rest der Welt in Schutt und Asche legen, damit die nichts selber produzieren können, so dass man dann die eigene Überproduktion dort hin exportieren kann, vorzugsweise Waffen mit denen die dann dafür sorgen, dass alles was jemals aufgebaut wird auch gleich wieder zerstört wird, so lange wird sich am Problem nichts ändern.

Klar kann man nicht mit kapitalistischer Profitgier daran gehen in den ärmsten Ländern der Welt den Ärmsten der Armen das Leben zu verbessern.

Man kann denen noch nicht mal auf Kredit einen Aufbau finanzieren, weil die Zinslasten das Land am Ende noch stärker belasten würden als die reine Armut vorher es getan hat.

Man kann noch nicht mal ganz selbstlos daran gehen denen alles zu schenken was sie brauchen könnten solange alles was im Lande ankommt in einer genauso gierigen wie korrupten Diktatur versickert, ohne dass jemals etwas bei der Bevölkerung ankäme.

Guter Lohn für gute Arbeit

Aber wenn wir denen die nichts haben alles schenken, dann lohnt sich Arbeit doch gar nicht mehr, oder?

Das gab es im Kommunismus schon und daher wissen wir, dass die Menschen sich nicht mehr anstrengen wenn sich Arbeit nicht mehr lohnt, oder?

Jeder Versuch einer gerechten Verteilung unabhängig von der Leistung führt immer zu massiver Korruption, weil die Überwacher der Verteilung auch nur gierige Machtmenschen sind, oder?

Leistung muss sich lohnen, denn nur wer für seine Leistung belohnt wird der wird sich auch anstrengen, oder?

Der Kapitalismus in Verbindung mit Demokratie ist das beste System was die Menschen bisher ersonnen haben, oder?

Nun, das ist alles gut und schön, es hat nur einen Haken und der heißt immer wieder Zinsen.

Zinsen sind leistungslose Erträge und stehen damit im krassen Widerspruch zu der Grundidee, dass Leistung sich lohnen muss.

Wenn ein Erfinder einen Kredit aufnehmen muss um die Produktion seiner Erfindung zu realisieren und darauf Zinsen bezahlen muss, völlig unabhängig davon, ob seine Erfindung überhaupt jemals Gewinn erwirtschaften wird, dann muss der Erfinder, der schon im Voraus seine Arbeitszeit zum Nulltarif in die Erfindung investiert hat, noch dafür bezahlen, dass er seine Erfindung verkaufen kann.

Gleichzeitig bezahlen alle Arbeiter die dieser Erfinder einstellen könnte mit niedrigeren Löhnen und alle Verbraucher die diese Erfindung später kaufen mit höheren Preisen die Zinsen die der Erfinder auf seinen Kredit bezahlen muss.

Da macht es auch keinen Unterschied, wenn ein Erfinder seine Erfindung an die Industrie verkauft, denn damit hat der Erfinder nur das Risiko eines Misserfolgs zu Lasten eines kleineren Gewinns verkauft.

Das Risiko ist in den Kreditzinsen genauso enthalten wie im Verkaufspreis der Erfindung, er macht also von Anfang an weniger Gewinn als seine Erfindung wert ist und die Verbraucher bezahlen den höheren Preis trotzdem, denn auch die Industrie produziert diese Erfindung aus einem Kredit heraus.

Solange man mit Zinsen mehr Geld verdienen kann als mit jeder Arbeit, wenn man nur genug Geld hat, lohnt Arbeit sich eben nicht, denn die Menge Geld die man benötigt um von den Zinsen leben zu können kann ein einfacher Arbeiter sich niemals erarbeiten.

Solange Macht und Korruption mit viel weniger Aufwand viel mehr einbringen als ein ehrlicher Arbeiter erarbeiten kann krankt das System an der Tatsache, dass die gute Grundidee der lohnenden Arbeit in der Realität mit Füssen getreten wird.

Solange ein Manager der seiner Firma massiv schadet und wegen Unfähigkeit gefeuert wird dafür nicht nur ein Millionengehalt, sondern am Ende noch eine so fette

Abfindung bekommt, dass er von den Zinsen davon in Saus und Braus leben kann lohnt sich schlecht arbeiten noch viel mehr als gut arbeiten und das ist ganz offensichtlich nicht der Sinn der Sache.

Wenn so jemand, falls das überhaupt passiert, dann vor Gericht gestellt wird und wegen Untreue oder sonst was zu 6 Monaten auf Bewährung verurteilt wird, dann ist das an Absurdität nicht mehr zu überbieten, denn alleine die Tatsache, dass er mittlerweile so reich ist, dass er nie wieder arbeiten muss stellt sicher, dass er garantiert nie wieder eine Untreue begehen wird.

Fasst euch mal an die eigene Nase.

Gibt es unter euch jemanden der sich nicht mit Freuden eine Vorstrafe von 6 Monaten auf Bewährung in sein Strafregister eintragen lassen würde, wenn er dafür 10 Millionen bekäme?

Aber gute Manager sind dünn gesät, oder?

Man muss schon professionelle Headhunter ansetzen um sie überhaupt zu finden, oder?

Man muss einem Manager schon ein Millionengehalt bieten, weil er sonst nicht für die Firma arbeiten würde, oder?

Man muss machthungrige Politiker gut bezahlen, weil schlecht bezahlte Politiker leicht korrupt werden, oder?

Nun, welchen Unterschied macht es, ob man einem Politiker ein paar 1000 mehr oder weniger bezahlt, wenn demgegenüber Millionen an Bestechungsgeldern stehen?

Welchen Sinn ergibt es überhaupt Politiker zu bezahlen, solange diese alleine durch ihre Machtposition nebenbei noch in einem Dutzend Aufsichtsräten sitzen, medienwirksame Vorträge halten, dafür noch horrende Honorare bekommen und damit in jedem Fall ein Vielfaches ihrer Politikerbezüge verdienen?

Welchen Nutzen hat es für eine beliebige Firma mit einer anderen Firma zu fusionieren, nur weil die Manager aus der Fusion eine gewaltige Provision bekommen, während die fusionierte Firma nach der Fusion weniger wert ist als die beiden Firmen vorher in ihrer Summe waren?

Warum muss die Entlassung von Personal an der Börse immer zu einer Kurssteigerung der Aktien führen?

Glaubt irgendjemand ernsthaft, dass die Gewinnsteigerung von ein paar wenigen Investoren im Gesamtsystem irgendeinen Vorteil hätte, wenn auf der anderen Seite der gesamte Rest der Bevölkerung die Sozialhilfe der Arbeitslosen bezahlen muss?

Demokratie

Aber wir haben doch Demokratie, oder?

Wir können uns alle paar Jahre entscheiden welche Politiker uns vertreten sollen und wenn wir eine Regierung nicht mögen, dann wird sie abgewählt, oder?

Wir können zwar nicht erwarten, dass das Ergebnis der Wahl allen Wählern gerecht wird, aber zumindest die Mehrheit bekommt was sie will, oder?

Nun, es kommt darauf an, ob man wählen gehen darf, oder ob man eine Wahl hat.

Die Volksabstimmung in Schottland zur Unabhängigkeit hat überdeutlich gezeigt, dass über 90 % der Bevölkerung sehr wohl daran interessiert sind mitzureden, wenn sie eine Wahl haben.

Demgegenüber zeigt die Wahlbeteiligung in den europäischen Staaten und besonders in der Europawahl, die mit Mühe 50 % erreicht überdeutlich, die Bürger in Europa haben längst erkannt was für eine Farce unsere Demokratie ist.

Am Ende regiert Angela Merkel nur mit einer Schein-Mehrheit, denn tatsächlich haben nur etwa 20 % der Bevölkerung sie gewählt.

Genau genommen regiert sie überhaupt nicht, sie gibt lediglich die Befehle der Reichen und Mächtigen weiter.

Anders ist es jedenfalls nicht zu erklären, dass sie halb Europa ruiniert in dem Wissen, dass dies früher oder später auch uns ruinieren wird.

Gäbe es auf Wahlzetteln einen Punkt der etwa besagt: "Ich will überhaupt keinen von denen, jagt sie alle ohne

Pensionsansprüche zum Teufel", dann hätten wir über 90 % Wahlbeteiligung und dieser Punkt hätte in fast allen Ländern der Welt die absolute Mehrheit.

Verschwendung

Aber was sollen wir denn tun?
Ein besseres System haben wir nun mal nicht, oder?

Nun, vielleicht sollten wir einfach mal erkennen was wir mit unserem Wohlstand machen, wie viel unserer Produktivität vollkommen sinnlos verschwendet wird und uns überlegen, was wir alles erreichen könnten, wenn wir diese Verschwendung bleiben lassen würden.
Ich hätte da eine ganze Liste von Beispielen, die wir alle so gut kennen, dass es überhaupt keinen Zweifel an der sinnlosen Verschwendung geben kann, trotzdem folgen wir alle wie die Lemminge der Idee, dass das nun mal so sein muss.

Werbung

Privatfernsehen ist werbefinanziert, kostet also nichts, oder?

Nun, was glaubt ihr, wer die Werbung bezahlt?
Vielleicht wir alle, mit jedem Produkt das wir kaufen?
Glaubt irgendjemand ernsthaft ein Produkt würde dadurch besser, dass massenhaft Werbung dafür gemacht wird?
Wenn ja, warum hat die Stiftung Warentest herausgefunden, dass das billigste aller Waschmittel, die Hausmarke von Aldi, für die es keine Werbung gibt gleichzeitig das beste Waschmittel ist?

Wer das mal verstanden hat, der fragt sich, warum Aldi nicht viel mehr Waschmittel verkauft.
Warum macht Aldi keine Werbung für das Waschmittel?
Könnten sie nicht viel mehr Waschmittel verkaufen, wenn sie Werbung mit dem Urteil der Stiftung Warentest machen würden?

Nun, sie könnten kurzzeitig mehr Waschmittel verkaufen, aber sie müssten die Preise verdoppeln um die Werbung zu finanzieren, wodurch sie direkt wieder weniger verkaufen würden und dann würden sie einen ganzen Rattenschwanz von Werbekampagnen anderer Hersteller auslösen an dessen Ende sich einfach nur sämtliche Preise sämtlicher Waschmittel nochmal verdoppelt hätten, ohne dass ein einziger Hersteller auch nur ein Gramm mehr Waschmittel verkauft hätte und ohne dass auch nur ein einziges Waschmittel im Geringsten besser geworden wäre.

Überhaupt ergibt Werbung ganz grundsätzlich keinen Sinn.

In einem Markt wo keiner Werbung macht kann der Erste der mit Werbung anfängt vorübergehend seinen Umsatz steigern, aber mehr Gewinn macht er damit nicht, denn dieser Gewinn geht in den Werbekosten gleich wieder verloren.

Erst wenn er die Werbekampagne einstellen würde und danach aus der gesteigerten Popularität seines Produktes einen gleichbleibend höheren Umsatz erzielen könnte würde auf lange Sicht auch der Gewinn steigen.

Dumm daran ist nur, dass die Konkurrenz ebenfalls anfängt Werbung zu machen, ebenfalls einen Haufen Geld ausgibt, ebenfalls auf mehr Umsatz hofft, oder zumindest die Umsatzeinbußen aus der Werbekampagne des Anderen ausgleichen will.

Aber der Markt ist nun mal begrenzt, völlig egal wie viel Werbung gemacht wird, die Bevölkerung als Ganzes wird nicht mehr Waschmittel kaufen, darum kann die Industrie mit massenhaft Werbung vielleicht ein paar kleinere Konkurrenten in die Pleite treiben und die Großkonzerne können noch weiter wachsen, aber am Ende kosten einfach nur alle Waschmittel ein Vielfaches mehr und wir alle werden rund um die Uhr mit Werbespots berieselt, ohne dass irgendjemand irgendeinen Vorteil davon hätte, mal abgesehen von den Werbeschaffenden, die mit ihrer völlig überflüssigen Arbeit Geld verdienen.

Was könnten wir nicht alles erreichen, wenn wir die Werbeschaffenden zu Lehrern und Kindergärtnern umschulen würden?
Mal ganz davon abgesehen, dass uns allen diese blödsinnigen Werbespots erspart bleiben würden.

Aber dann gäbe es doch gar kein Privatfernsehen, dann könnten wir gar nicht umsonst fernsehen, oder?

Nun, zu allererst mal bezahlen wir das Privatfernsehen mit den Preisen sämtlicher Produkte die wir kaufen, es ist also nicht kostenlos.
Selbst wenn wir konsequent darauf achten wollten nur Produkte zu kaufen für die keine Werbung gemacht wird, kennt jemand einen Telefonanbieter oder Internet-Provider der nicht massiv Werbung schaltet?
Selbst wenn jemand es schaffen würde ausschließlich werbefreie Produkte zu kaufen, spätestens beim Arzt ist es nicht mehr machbar.
Die Pharma-Industrie darf keine öffentliche Werbung für rezeptpflichtige Medikamente machen, aber wir alle wissen, dass die Pharma-Vertreter sich in den Arztpraxen die Klinke in die Hand geben und alle die Produkte ihrer Firmen anpreisen.
Von Korruption unter Ärzten will ich an dieser Stelle nicht mal reden, aber wer bezahlt wohl die Arbeitszeit dieser Vertreter?

Wenn der Klempner mit seinem VW-Transporter vorfährt, mit seinen Bosch-Werkzeugen die Wasserleitung repariert und am Ende seine wahnwitzig hohe Rechnung präsentiert, wer bezahlt dann die Werbung von VW und Bosch?

Da könnt ihr alle Fahrrad fahren und eure dünnen Bretter mit der Hand bohren, VW und Bosch kassieren trotzdem bei euch ab.

Ohne Werbung würden sämtliche Preise für sämtliche Produkte und Dienstleistungen so drastisch fallen, dass wir alle locker eine Verdreifachung der Fernsehgebühren aus der Portokasse bezahlen könnten.

Noch einen Schritt weiter gedacht würden die Gebühren sich überhaupt nicht erhöhen, denn wenn die Konkurrenz des Privatfernsehens weg wäre, dann müssten ARD und ZDF nicht Abermillionen für die Übertragungsrechte von Fußballspielen bezahlen, dann könnten ARD und ZDF ganz locker aus den Fernsehgebühren 20 neue Kanäle eröffnen die uns in breiter Vielfalt und völlig werbefrei ein deutlich besseres Fernsehprogramm liefern würden ohne dass es uns irgendetwas mehr kosten würde.

Nein, unsere Löhne müssten dafür nicht gesenkt werden, wir könnten mit immer noch demselben Lohn ein Vielfaches an Kaufkraft entfalten, denn auch wenn es weniger mächtige Großkonzerne und mehr kleine Betriebe geben würde, der Gewinn der Industrie bleibt insgesamt absolut gleich, also können auch die Löhne, die die Unternehmer ihren Beschäftigten bezahlen gleich bleiben.
Ganz im Gegenteil, die Industrie würde im Binnenmarkt einen gewaltigen Aufschwung erleben, wodurch Wachstum auf dem Binnenmarkt entsteht und ganz deutlich viel mehr Arbeitsplätze geschaffen werden als in der Werbeindustrie überhaupt existieren.

Klar, Fußballspieler bekämen weniger Geld, aber mal ehrlich, abgesehen davon, dass Fußball uns eine Ablenkung von unseren Alltagsproblemen gibt, welchen Vorteil hat die Allgemeinheit draus, dass zig1000de junge Menschen ihre Zeit mit Fußballtraining verbringen in der Hoffnung irgendwann für ein paar Jahre zu den paar Dutzend Einkommensmillionären zu gehören die es an der Spitze der Bundesliga gibt?

Was könnten wir nicht alles erreichen, wenn wir alle Fußballer zu Biologen ausbilden würden die Impfstoffe gegen Malaria und ähnliche Krankheiten entwickeln?

Aber wie soll denn die Industrie ihre Produkte an den Mann bringen, wenn sie dafür keine Werbung machen kann?

Industrielle Produktion ist doch viel billiger als der Kleinbetrieb um die Ecke, oder?

Nun, ohne Werbung wären Firmen wie Siemens nie zu ihrer heutigen Größe gekommen, sie hätten nicht große Teile ihrer Produktion nach Fernost verlegt, wir hätten sehr viel mehr kleine Betriebe, weniger Arbeitslose, weniger Kosten im Sozialsystem und daraus resultierend weniger Steuern zu zahlen.

Unsere Waschmaschinen wären heute genauso gut wie sie sind, denn der Gleichstromantrieb und ähnliche Verbesserungen sind deutsche Erfindungen und auch wenn die im Verhältnis zu einem Computer heute deutlich teurer wären, im Vergleich zu der Ersparnis an Werbe- und Sozialkosten dürfte eine Waschmaschine auch das 3fache kosten, sie wäre im Verhältnis zur Kaufkraft der Verbraucher immer noch billiger.

Dafür würden Waschmaschinen heute vermutlich immer noch 20 Jahre halten und nicht nach 2 Jahren Garantiezeit der geplanten Obsoleszenz zum Opfer fallen.

Im Grunde ist industrielle Produktion ein Fortschritt und der Einsatz von Maschinen statt Arbeitern wäre tatsächlich günstiger als Handarbeit, wenn dabei nicht die Menschen auf der Strecke bleiben würden.

Was haben wir von billigen Gütern, wenn wir gleichzeitig arbeitslos werden und uns die Güter für die billigeren Preise nicht leisten können, während wir ohne Probleme die höheren Preise der Kleinserien-Produktion bezahlen könnten wenn wir dafür eine gut bezahlte Arbeit hätten.

Nur weil ein paar Menschen sich noch über Wasser halten geht es uns als Gesellschaft doch nicht besser.

Wenn ein paar wenige Menschen sich alle zwei Jahre eine neue Waschmaschine leisten können und sich über die im Verhältnis zu ihrem Einkommen kleinen Preise freuen, dann ist es auf der anderen Seite trotzdem völlig untragbar, wenn jeden Tag irgendwo ein paar Waschsalons eröffnen, weil viele Menschen sich überhaupt keine Waschmaschine mehr leisten können.

Freie Informationen

Aber nein, wir marschieren mit immer größeren Schritten immer schneller in die entgegengesetzte Richtung.

Wir googeln heute unser Wissen, Google verschafft uns Informationen die wir früher nie bekommen hätten, wir sind aufgeklärter als jemals zuvor, wir stellen Videos von Machtmissbrauch auf YouTube ein, prangern Missstände öffentlich an und sorgen dafür, dass die Welt immer besser wird, oder?

Dabei sind Google und YouTube kostenlos, oder?

Nun, grundsätzlich ist die Idee der freien Informationsverbreitung eine feine Sache, aber glaubt irgendjemand allen Ernstes die Reichen und Mächtigen würden ihr Geld und ihre Macht nicht genauso auf Google und YouTube ausüben?

Glaubt ihr wirklich die Informationen im Internet wären kostenlos?

Heutzutage ist Google selbst eins der reichsten und mächtigsten Unternehmen der Welt.

Google hat sich zu einer Werbeplattform von derartig gigantischem Ausmaß entwickelt, dass heute schon sämtliche Preise sämtlicher Produkte einen Anteil an Google-Provisionen enthalten.

Google missbraucht seine übermächtige Stellung als Suchmaschine derart, dass alle Anbieter von Waren oder Dienstleistungen die keine Provisionen an Google bezahlen in einer Suche, wenn überhaupt, erst auf Seite 127 oder so angezeigt werden, während Google seine eigenen Produkte und die Produkte zahlender Kunden immer auf Seite 1 anzeigt.

Nur logisch, dass Anbieter die nicht an Google zahlen dabei auf lange Sicht pleitegehen und am Ende nur Produkte übrig bleiben an denen Google direkt oder indirekt mitverdient.

Dass dabei auf lange Sicht auch zahlende Anbieter wieder auf Seite 127 landen, weil irgendwann alle an Google bezahlen kann Google egal sein, denn wo in der Liste ein Treffer auftaucht muss die Suchmaschine nicht interessieren, solange nur alle Treffer bezahlt werden und am Ende zahlen mal wieder die Verbraucher, ohne dass irgendjemand den geringsten Vorteil hätte.

Obendrein haben alle Arten von Extremisten längst die Vorteile des Internet entdeckt.

So gibt es heute im Internet mehr staatsfeindliche Webseiten als nützliche Informationen und die allgemeine Frustration der Bürger bringt diesen Seiten rasante Zuwächse.

Auf der Strecke bleibt schon wieder der Normalverbraucher, der einfach nur in Ruhe leben will, denn ein Leben in Ruhe und vor allem in Frieden ist absolut nicht mehr realisierbar, wenn einem von allen Seiten das Geld aus der Tasche gezogen wird und obendrauf noch Terror und Extremismus immer stärker werden.

Zwar gibt es User im Internet, die Google & Co. aus diesen Gründen ablehnen, aber können die wirklich den Kosten entgehen die Google uns verursacht?

Wir können uns dem kostenpflichtigen Anteil nicht entziehen indem wir die kostenlosen Teile nicht nutzen, ganz im Gegenteil.

Wer heute Google nicht nutzt, aber ein Produkt im Elektronikmarkt seiner Wahl kauft, der zahlt den vermeintlich kostenlosen Service der Suchmaschine trotzdem, er hat nur nichts davon.

Google Maps mag ja auf den ersten Blick eine feine Sache sein, es gibt sogar Leute die freiwillig und ohne Bezahlung Fotos für die Streetview machen, weil sie glauben damit ein gutes Werk zu tun.

Dass damit 1000de von Kartenmachern arbeitslos werden und Hersteller von Stadtplänen pleitegehen, deren Sozialhilfe wir alle bezahlen müssen ist für Google uninteressiert.

Wenn ganz nebenbei noch die Privatsphäre von Millionen von Menschen verletzt wird, dann muss nicht etwa Google Schadenersatz bezahlen, sondern dann müssen die Geschädigten noch einen Haufen Geld und Zeit darauf verwenden Google zu zwingen die Fotos von ihren Häusern unkenntlich zu machen.

Geiz ist teuer

Preis-Suchmaschinen sind eine tolle Sache, oder?
Geiz ist geil und wenn eine Suchmaschine mir den
billigsten Preis für ein Produkt findet, dann ist das doch
gut für mich, oder?

Nun, auch Preis-Suchmaschinen sind nicht kostenlos.
Auch wenn wir nicht direkt für so eine Suche bezahlen,
für alle Treffer die eine solche Suchmaschine produziert
berechnet die Suchmaschine der Firma die dort Güter
oder Dienstleistungen anbietet eine Gebühr, manchmal
schon wenn der Kunde nur auf den Treffer klickt,
manchmal erst wenn der Kunde tatsächlich etwas kauft,
aber alle geben diese Kosten an ihre Kunden weiter.
Entziehen kann sich dem niemand, denn die Firmen
kalkulieren die Kosten aller Suchmaschine an die sie
Gebühren zahlen in alle Preise aller Produkte ein und so
bezahlen alle Kunden mit allem was sie kaufen nicht nur
die Werbung für die Produkte sondern auch die Kosten
der Suchmaschinen, völlig egal ob sie diese
Suchmaschinen benutzt haben oder nicht.

Davon ergibt sich im Gesamtsystem ebenfalls nicht der
kleinste Nutzen, denn nur weil ein paar Glückliche mit
Hilfe der Suchmaschine einen etwas günstigeren Preis
bekommen haben, erhöhen sich im Gesamtsystem
einfach nur sämtliche Preise um die Gebühren der
Suchmaschinen.

Ob man einen Einkauf mit Kreditkarte, Paypal oder bar bezahlt macht im Gesamtsystem nicht den geringsten Unterschied.

Auch wenn die Kreditkartenfirmen tolle Werbung für die vermeintlich kostenlose Freiheit machen, in jedem Fall gibt jeder Verkäufer alle Gebühren die er irgendwo zu bezahlen hat an alle seine Kunden weiter, darum bezahlen wir alle mit jedem Einkauf Gebühren an Paypal und sämtliche Kreditkartenfirmen, selbst dann wenn wir bar bezahlen.

Gäbe es all diese Services nicht würden für manche Kunden einzelne Einkäufe teurer, weil sie den billigsten Anbieter nicht so leicht finden, aber im Gesamtsystem wird durch diese Services einfach nur alles teurer als es sein müsste.

Effektiv werden einige Dinge sogar so viel teurer, dass wir alle noch sparen würden, wenn wir grundsätzlich immer die teuersten Produkte kaufen würden, diese aber um die wegfallenden Gebühren der Mitverdiener reduziert wären.

Endgültig absurd wird das Ganze mit Payback-Systemen.
Punkte sammeln macht Spaß, oder?
Da gibt es tolle Rabatte oder Prämien, wenn man nur genug Punkte sammelt, oder?

Nun zuerst mal steigen alle Preise aller Produkte um die Kosten des Payback-Systems.
Dann wird ein Haufen unnützer Arbeit in der Verwaltung des Systems geschaffen, der auch wieder auf die Preise aufgeschlagen wird und ein Berg von Müll wird mit Millionen dieser kleinen Karten produziert.

Die Idee dahinter war, wie schon mit der Werbung, dass der Erste der damit anfängt einen Vorteil gegenüber seiner Konkurrenz hat, weil er seine Kunden fester an sich binden kann, aber wenn kurze Zeit darauf alle anderen Händler dasselbe System nutzen hat im Gesamtsystem niemand einen Vorteil, maximal werden wieder mal ein paar kleine Händler ruiniert, aber am Ende bezahlen selbst die, die das System überhaupt nicht nutzen mit allen Produkten die sie kaufen immer einen kleinen Teil vom System mit.

Selbst die, die das System nutzen bezahlen am Ende mehr als vorher, weil zusätzlich zu allen Rabatten die es geben kann immer auch die Verwaltungskosten des Systems von vornherein auf die Preise aufgeschlagen werden.

Wenn das Payback-System dann auch noch Fernsehwerbung macht, schlägt das dem Fass die Krone ins Gesicht.

Aber die Möglichkeit Preise zu vergleichen zwingt doch die Firmen ihre Preise zu reduzieren, oder?

Wenn wir nicht vergleichen würden, dann hätten doch die Firmen freie Hand ihre Preise in himmelhohe Höhen zu schrauben und wir könnten uns Vieles gar nicht mehr leisten, oder?

Nun, das stimmt für einzelne Käufe, aber im Gesamtsystem ergibt es nicht den geringsten Sinn.

Ob wir für ein Produkt direkt mehr bezahlen, oder über unsere Steuern die Sozialhilfe der Amazon-Angestellten die von ihrem Lohn nicht leben können kommt am Ende auf denselben Preis raus, nur dass wir bei niedrigeren

Preisen das Geld den Großkonzernen in den Rachen stopfen, statt Kleinunternehmern eine Existenz zu geben.

Es wird immer und in allen Bereichen Abzocker geben, die mit überhöhten Preisen versuchen ihre Kunden über den Tisch zu ziehen, aber erst die Werbung ermöglicht es den Großkonzernen diese Abzocke im großen Stil zu betreiben.

Wer das nicht glaubt, der nutze mal den vermeintlich kostenlosen Service der Suchmaschinen und suche nach Informationen zu der unverschämten Abzocke mit der manche Hersteller versuchen wertlosen Zucker-Joghurt zu Mondpreisen abzusetzen.

In Deutschland wurde mindestens einem dieser Hersteller mittlerweile gerichtlich untersagt mit falschen Gesundheitsversprechen zu werben, aber Wohlfühljoghurt verkauft sich offensichtlich immer noch ganz gut.

Dabei sind am Ende die Produkte in keinem Fall billiger.

Schon während dem Preiskampf mit den Suchmaschinen sorgen die versteckten Kosten dafür, dass alles viel teurer ist als es sein müsste, aber erst wenn der Preiskampf endet, weil eine Handvoll Firmen den Markt erobert hat, wird es lustig.

Dann sprechen die wenigen verbliebenen Konzerne untereinander die Preise ab, diktieren uns den Preis und dann kosten die Produkte plötzlich den 10fachen Preis.

Geplante Obsoleszenz

Das nächste große Thema, wo wir Milliarden an Geldmitteln, Ressourcen und Arbeitskraft völlig sinnlos verschenken ist die bei den Waschmaschinen schon erwähnte geplante Obsoleszenz.

Produkte die absichtlich so gebaut werden, dass sie nach einer bestimmten Zeit kaputt gehen nur um den Verbraucher zu zwingen neue Produkte zu kaufen.

Das Thema ist nicht neu, es ist nicht mal ein Geheimnis und es gibt 1000 Beispiele wo Produkte bis heute nach diesem Prinzip hergestellt werden.

Man findet heute noch die alten Werbespots der ersten Nylon-Strumpfhosen mit denen man Autos abschleppen konnte, ohne dass sie Laufmaschen zogen.

Wir hätten mit einem Minimum an Arbeitsaufwand die ganze Welt mit fast unverwüstlichen Nylonprodukten versorgen können, wo heute noch die Enkelinnen der ersten Käuferinnen die Strumpfhosen ihrer Großmütter tragen würden.

Der Industrie war dies zu wenig Profit und vor allem zu kurzlebig, darum wurden die Erfinder dieser extrem robusten Nylonfaser gezwungen weiter zu forschen, bis sie eine Nylonfaser entwickelt hatten die so zerbrechlich ist, dass Strumpfhosen andauernd Laufmaschen ziehen, was die Verbraucher zwingt immer neue Strumpfhosen zu kaufen.

Ich möchte mir gar nicht vorstellen was in den Köpfen der stolzen Erfinder vorgegangen ist, als die Industrie sie gezwungen hat ihr Produkt absichtlich schlechter zu machen.

Trotzdem dies allgemein bekannt ist, werden bis heute keine robusten Nylonprodukte hergestellt.

Von Glühbirnen wissen wir seit Jahrzehnten, dass es da ein Kartell gibt, was weltweit die Lebensdauer von Glühbirnen auf 1000 Stunden beschränkt.

Es gibt heute öffentlich zugängliche Dokumente in denen sogar ein Katalog von Strafen aufgelistet ist die eine Firma an das Kartell zu bezahlen hat, wenn Glühbirnen länger als 1000 Stunden halten.

In der DDR gab es Glühbirnen die 2500 Stunden gehalten haben, weil die DDR keine Rohstoffe zu verschwenden hatte, davon ist bekannt, dass die Fabrik die sie herstellte nach der Wiedervereinigung unter dem Druck des Kartells die Produktion eingestellt hat.

In den USA gibt es einen regelrechten Kult um eine Glühbirne, die in einem Feuerwehrhaus seit sage und schreibe über 100 Jahren ununterbrochen leuchtet, da wurde eine riesige Geburtstagsparty zum 100sten Geburtstag der Glühbirne gefeiert.

Aber im gesamten Rest der Welt halten Glühbirnen bis heute nur 1000 Stunden.

Aber heute gibt es doch Energiesparlampen, oder?

Das Kartell gibt es doch bestimmt nicht mehr, oder?

Nun, brennen an euren Autos dauernd die Schweinwerfer durch?

Denkt mal drüber nach.

Glaubt ihr wirklich die Industrie wäre nicht in der Lage Scheinwerfer zu bauen die genauso lange halten wie ein Auto?

Manche Computer-Drucker enthalten einen Mikrochip der mitzählt wie viele Seiten der Drucker ausgedruckt hat und wenn diese Anzahl Seiten erreicht ist stellt der Drucker seine Funktion mit einer fadenscheinigen Ausrede ein.

In vielen Digitalkameras wird der Motor der das Objektiv ein- und ausfährt mit einem möglichst dünnen, zerbrechlichen Plastik-Zahnrad mit dem Objektiv verbunden, was absichtlich so zerbrechlich ist, damit die Kamera nach einer bestimmten Anzahl Fotos kaputt geht.

In vielen Mobiltelefonen werden Akkus fest eingebaut, so dass man sie nicht auswechseln kann und dazu werden Akkus verwendet, die bekanntermaßen nur gerade eben die Garantiezeit der Geräte überleben.

Und, und, und, die Liste ist endlos.
Ich kenne neben den Glühbirnen im Auto mindestens ein Dutzend Fälle wo ich persönlich zum Opfer geplanter Defekte geworden bin und ich bin mir absolut sicher, kein Mensch hat auch nur eine annähernde Vorstellung davon wie weit verbreitet diese Abzocke ist.
Alles nur um einer völlig überflüssigen Überproduktion einen künstlichen Sinn zu geben, wobei effektiv nur eine riesige Menge Rohstoffe verschwendet, eine riesige Menge Arbeitskraft verschenkt und eine riesige Menge Müll produziert wird.

Was könnten wir nicht alles erreichen, wenn wir statt unsinniger Überproduktion vorsätzlich fehlerhafter Produkte an der Erfindung und Entwicklung ganz neuer Dinge arbeiten würden?

Macht blockiert Fortschritt

Aber nein, das genaue Gegenteil wird angestrebt, bestes Beispiel ist die elektrische Zigarette.

Nikotin gehört seit Unzeiten zu den Genussmitteln des Menschen, wie Alkohol, Koffein und ähnliche Substanzen.
Der große Unterschied war nur von Anfang an, dass Nikotin immer durch Verbrennung von getrockneten Tabakblättern freigesetzt wurde, wo der Raucher den Rauch eingeatmet hat, während z. B. Koffein nach rösten und mahlen der Kaffeebohnen durch einfachen Aufguss mit Wasser trinkbar ist.
Dumm daran ist, dass bei der Verbrennung von Tabak nicht nur das erwünschte Nikotin, sondern auch ein ganzer Cocktail giftiger Gase freigesetzt wird, wie das nun mal bei jeder Verbrennung der Fall ist.
In den Anfängen waren die Zusammenhänge nicht genau bekannt, so ist es nicht weiter verwunderlich, dass die oft tödlichen Nebenwirkungen des Rauchens zu Beginn dem Nikotin zugeschrieben wurden.

Wir wissen aber seit über 50 Jahren, dass das Nikotin selbst in seiner Wirkung auf den menschlichen Körper praktisch unschädlich ist.
Es hat eine stimulierende und gleichzeitig beruhigende Wirkung auf den menschlichen Körper, aber keinerlei Nebenwirkungen, höchstens in einer Überdosis kann es gefährlich werden, aber das ist wohl mit jedem Stoff so.

Man kann jeden beliebigen Stoff zu einem gefährlichen Stoff machen wenn man zu viel davon nimmt, man kann auch Wasser trinken bis man daran stirbt, so kann man vielleicht darüber streiten ob man Nikotin wirklich als völlig unschädlich bezeichnen kann, aber in jedem Fall steht es in seiner Giftigkeit und den auftretenden Effekten auf den menschlichen Körper um Größenordnungen hinter Alkohol und auch noch hinter Koffein, denn Koffein führt zu erhöhtem Blutdruck und dadurch zu Herzinfarkt, was beim Nikotin nicht der Fall ist.

Seit über 60 Jahren wissen wir um die keimhemmenden Eigenschaften von Propylenglykol.

Amerikanische Forscher haben seinerzeit das Wundermittel entdeckt, was in die Raumluft vernebelt z. B. das Infektionsrisiko in Krankenhäusern um 66 % verringern konnte und bis heute in amerikanischen Krankenhäusern zu diesem Zweck eingesetzt wird.

Da ist es nicht weiter verwunderlich, dass schon vor über 50 Jahren erste Erfinder mit der Idee herauskamen Nikotin aus Tabak zu extrahieren, in Propylenglykol zu mischen und in die Atemluft des Konsumenten zu vernebeln, so dass der Nikotinkonsum ohne die tödlichen Nebenwirkungen des Verbrennungsrauchs funktioniert.

Erste Prototypen von elektrischen Zigaretten mit diesem Funktionsprinzip wurden bereits in den 60er Jahren zum Patent angemeldet, aber alle diese Produkte wurden ohne jede Ausnahme verboten, immer mit dem Hinweis darauf, dass Nikotin tödliche Nebenwirkungen habe.

Dass dieser Behauptung jegliche Basis fehlt ist vollkommen offensichtlich, denn die wissenschaftlichen

Belege für das Gegenteil sind seit über 50 Jahren öffentlich.

Wer das einmal erkannt hat, dem fällt schnell auf, der tatsächliche Grund der Verbote liegt in der Tatsache, dass Propylenglykol für wenige Cent pro Liter hergestellt, Nikotin auch aus minderwertigen Tabaksorten extrahiert und sogar ganz ohne Tabak künstlich hergestellt werden kann, so dass die Tabakindustrie in Virginia um ihre Marktanteile fürchtet.

Im Laufe der letzten 50 Jahre gab es immer wieder neue Versuche eine elektrische Zigarette zu entwickeln, immer wieder mit der Grundidee giftigen Rauch durch keimhemmenden Propylenglykol-Nebel zu ersetzen, alle wurden immer wieder verboten, immer mit der Begründung es sei zu gefährlich.

Bis dann vor einigen Jahren die Tabakindustrie einen Bastler aus China lange genug übersehen hat.
Erfunden hat er nichts, er hat nur in guter alter chinesischer Tradition die Entwürfe westlicher Erfinder kopiert, aber im Gegensatz zu seinen westlichen Vorreitern fand er einen Hersteller, der es dank chinesischer Massenproduktion schaffte die Welt schneller mit elektronischen Zigaretten zu überschwemmen als die Tabakindustrie die Regierungen zu Verboten bewegen konnte.
Schon nach kurzer Zeit berichteten Millionen von Rauchern weltweit, wie viel besser es ihnen gesundheitlich ging, ganz zu schweigen davon wie viel billiger der neue Nikotingenuss war.

Das Produkt als solches wurde sehr schnell zum Bastelobjekt 1000der findiger Tüftler weltweit, die mit einer völlig unkoordinierten, dafür aber umso größeren Vielfalt an Verbesserungen die E-Zigarette immer weiter optimierten, bis es in einer riesigen Menge verschiedenster Modelle nicht nur für jeden Raucher ein Modell gab was ihm völlig ausreichte um den giftigen Tabakrauch durch den harmlosen Nikotinnebel zu ersetzen, sondern das Verbrauchsmaterial, also das in Propylenglykol gelöste Nikotin auch noch bis zu 98 % billiger war als alle Tabakprodukte.

So trat die E-Zigarette einen nie dagewesenen Siegeszug gegen den Tabak an und Experten schätzten, die E-Zigarette könnte den Tabak innerhalb von 10 Jahren weltweit vollständig vom Markt verdrängen.
Völlig ohne Rauchverbote, ganz ohne millionenschwere Kampagnen der Weltgesundheitsorganisation, einfach weil es etwas Besseres gibt was gleichzeitig auch noch um Größenordnungen billiger ist.

Aber das wäre ja vernünftig gewesen, also konnte es auf keinen Fall erlaubt werden.
Wo kommen wir denn hin, wenn Krankenhäuser keine Patienten mit Lungenkrebs mehr finden und niemandem mehr die Raucherbeine amputiert werden müssen?
Wenn plötzlich ein vernebelter Grundstoff wie Propylenglykol, der nur Cents pro Liter kostet und frei verkäuflich ist fast alle Erkältungskrankheiten im wahrsten Sinne des Wortes im Keim erstickt, dann ginge ja die Pharma-Industrie pleite, weil alle Mittel gegen Atemwegserkrankungen überflüssig würden.

Und überhaupt, da gehen ja den Staaten die ganzen Tabaksteuern verloren, nein, das kann auf keinen Fall erlaubt werden.

Ja selbst Gesundheitsorganisationen wie das deutsche Krebsforschungszentrum sahen sich in ihrer Existenz bedroht, wenn mit rückläufigen Zahlen von Krebserkrankungen auch ihre Fördermittel gekürzt würden.

Für ein einfaches Verbot war es zu spät, also begann in einer gemeinsamen Anstrengung von Tabakindustrie, Pharmaindustrie, Gesundheitsorganisationen und Politik eine gigantische Kampagne in der die E-Zigarette schlechtgeredet wurde.

Das Wundermittel Propylenglykol wurde zu einem bedrohlichen Risiko erklärt, und jede noch so platte Lüge war immer noch gut genug, wenn sie nur geeignet war den Siegeszug der E-Zigarette zu bremsen.

Trotzdem ließ sich die E-Zigarette nicht aufhalten, denn Millionen von glücklichen Verbrauchern die im Internet die frohe Botschaft verkündeten waren nicht zu übersehen, zumal die wissenschaftlichen Tatsachen kein Geheimnis sind, auch wenn die Medien sich alle Mühe geben die Tatsachen in einer gigantischen Menge von Falschmeldungen untergehen zu lassen.

Bis dann die Tabakindustrie eine Idee hatte.

Wie wäre es denn, wenn wir ein Wegwerf-Modell von E-Zigarette entwickeln, so klein und so kurzlebig, dass die Verbraucher jeden Tag mehrere davon brauchen, mit so wenig Inhalt, dass uns die Produktion praktisch nichts kostet?

Wenn wir diese E-Zigarette in der Tabakindustrie herstellen und in Apotheken als Rauchstopp-Mittel zu so hohen Preisen verkaufen dass die Verbraucher genauso viel bezahlen wie für Zigaretten und die Behandlung der Raucherkrankheiten zusammen, dann ist doch allen geholfen, oder?

Wir müssen nur all die Modelle die von 1000den von kleinen Bastlern hergestellt werden verbieten, E-Zigaretten standardisieren und alles so regulieren, dass nur unsere Wegwerf-Produkte regelkonform sind.

Dann schlagen wir noch so hohe Steuern auf, dass die fehlende Tabaksteuer ausgeglichen wird und alles wird gut.

Wer nicht glaubt, dass so etwas passieren könnte, der muss sich einfach nur auf den entsprechenden Webseiten Gerichtsurteile zu E-Zigaretten anschauen.

Seit Jahren wehren sich hier kleine Hersteller und Verbraucher gegen eine durch nichts zu rechtfertigende Politik, wo ohne jede Ausnahme alle Gerichtsurteile den Verbrauchern recht geben und trotzdem die Politik mit immer neuen, immer schärferen Regulierungen und Gesetzen versucht entweder E-Zigaretten zu verbieten oder den Preis zu ver1000fachen.

In Deutschland wurde mittlerweile höchstrichterlich festgestellt, dass weder E-Zigaretten noch nikotinhaltiges Propylenglykol apothekenpflichtig sein können, weil ein Genussmittel keinerlei medizinischen Nutzen hat.

Die Reaktion der Politik darauf war ein Bedauern der Entscheidung, zusammen mit der Ankündigung, dass auch nach dem unanfechtbaren Urteil des Bundesverwaltungsgerichts die Politik immer noch versuchen will E-Zigaretten apothekenpflichtig zu machen.

Umweltschutz

Dabei gäbe es als Alternative zu immer mehr Geld aus den Menschen zu quetschen gigantisch viel größere Möglichkeiten Geld in so gigantischen Summen einzusparen, dass die Steuern noch ganz drastisch gesenkt werden könnten und der Staat immer noch mehr Geld zur Verfügung hätte.

Umweltschutz ist eine sinnvolle Sache, oder?
Der Klimawandel bedroht uns alle so sehr, dass CO_2 Emissionen jetzt sogar besteuert werden sollen, das ist doch sinnvoll, oder?
Steuern auf CO_2 veranlassen die Menschen weniger CO_2 zu produzieren und das schont dann die Umwelt, oder?

Nun, zuerst mal wird mit einer neuen Steuer alles teurer und sei es nur um den Verwaltungsaufwand ihrer Erhebung.
Schon in den ersten Entwürfen einer CO_2 Steuer soll die Industrie weitgehend davon ausgenommen werden, aber selbst wenn diese Ausnahmen nicht greifen, dann gibt die Industrie diese Kosten direkt an die Verbraucher weiter.
Die Verbraucher können aber nicht ihre Häuser im Winter weniger heizen, sie können nur zähneknirschend die Steuern bezahlen.
Auch Maßnahmen zur Energieeinsparung haben ihre Grenzen, Häuser dämmen, damit diese weniger Energie verbrauchen führt ohne jede Ausnahme an anderer Stelle zu so viel höheren Kosten, dass die gesparte Energie das

noch nicht mal ausgleichen könnte, wenn die Energiepreise sich ver10fachen würden.

Ein gedämmtes Haus verhindert nicht nur in der Nacht den Austritt von Wärme nach außen, es verhindert auch bei Tag den Eintritt von Sonnenwärme nach innen, so dass in den meisten gedämmten Häusern der Energieverbrauch nach der Dämmung höher ist als vorher und selbst wenn ein Haus durch Dämmung so viel Energie einsparen könnte, dass am Ende eine Ersparnis dabei heraus kommt, dann steht dem gegenüber eine erhöhte Feuchtigkeitsbildung, die eine umfangreiche Belüftungsanlage erfordert, die wiederum Strom verbraucht und eine ideale Brutstätte für alle Arten von Krankheitserregern ist.

Am Ende landet die gesparte Energie im erhöhten Energiebedarf der Industrie, die Lüftungsanlagen bauen und warten muss, im Energieverbrauch von Lüftungen und in den Krankenhäusern, die die Folgeerkrankungen behandeln müssen.

Das Ganze bei gleichzeitig höheren Steuern und damit verringerter Kaufkraft für alle führt unweigerlich zum Zusammenbruch des Marktes als Ganzes.

Dann vielleicht Atomkraftwerke?
Atomkraftwerke produzieren doch kein CO2, sie sind umweltfreundlich und ein Atomkraftwerk produziert so viel Energie, dass der Strom billiger wäre, oder?

Nun, im Aufbau und Unterhalt kostet ein Atomkraftwerk sehr viel weniger als die Summe anderer Kraftwerke die genauso viel Strom produzieren würden, aber eben nur, weil die Risiken und deren Kosten auf die Allgemeinheit abgewälzt werden.

Unfälle wie Tschernobyl oder Fukushima kosten die Menschheit als Ganzes nicht nur ein unsägliches Leid und millionenfachen Tod, jeder einzelne Unfall dieser Art kostet die Allgemeinheit über Jahrhunderte ein Vielfaches von allen anderen Kraftwerken zusammengenommen.

Die letzten Toten von Tschernobyl sind heute noch nicht mal geboren worden.

Dann sind Wind- und Solarenergie die Lösung, oder? Die sind doch nun wirklich umweltfreundlich und über jeden Zweifel erhaben, oder?

Nun die Energieausbeute von Windrädern und Solarzellen ist so klein, dass man die Einwohner einer Fläche von der Größe Bayerns umsiedeln und das gesamte Land dicht an dicht mit Windrädern und Solaranlagen zupflastern müsste nur um den deutschen Strombedarf zu decken.

Da ist der zukünftige Bedarf der geplanten Elektroautos noch gar nicht eingerechnet.

Von den Kosten und der Umweltbelastung, die die Herstellung dieser Anlagen verursachen würde reden wir mal überhaupt nicht, denn alleine die Tatsache, dass diese Anlagen alle 10 - 20 Jahre erneuert werden müssen führt zu einer Vervielfachung der Kosten und auch zu einer Vervielfachung der Umweltbelastung.

Für einen einzelnen Verbraucher ist die Anschaffung einer Solaranlage im Moment wirtschaftlich günstig, weil der Staat mit Fördermitteln die tatsächlichen Kosten auf die Allgemeinheit verteilt, aber im Gesamtsystem sind Solaranlagen nicht nur unwirtschaftlicher, sie produzieren auch mehr Umweltbelastung als z. B. Gaskraftwerke.

Wenn heute alle Hausbesitzer eine Solaranlage kaufen würden, dann wären die Kosten die in Form von teurerem Strom und höheren Steuern auf jeden einzelnen Bürger entfallen würden so hoch, dass selbst die Besitzer von Solaranlagen mehr bezahlen müssten als ganz ohne Solaranlagen, von den Verbrauchern die kein eigenes Haus haben mal gar nicht zu reden.

Wenn wir einfach nur die völlig überflüssige Überproduktion vorsätzlich fehlerhafter Produkte einstellen würden, könnten wir den Energieverbrauch im Lande locker so weit reduzieren, dass wir die Hälfte aller Kraftwerke stilllegen und abreißen könnten ohne dass wir auch nur ein einziges Windrad bauen müssten.

Das unlösbare Problem

An dieser Stelle stecken die Wirtschaftswissenschaftler in der Klemme, denn es gibt aus dieser Klemme nur einen einzigen Ausweg, aber genau diese einzige Möglichkeit wollen die hohen Herren unter allen Umständen ausschließen.

Da werden die abenteuerlichsten Theorien aufgestellt, wie man Wachstum erzeugen könnte und damit Wohlstand bekäme, aber dass weiteres Wachstum nur immer weiter in die Katastrophe führt will niemand wissen.

Das Hauptproblem sind die allgegenwärtigen Schulden, insbesondere die Zinsen die darauf anfallen.

Wenn eine schrumpfende Wirtschaft immer bedeutet, dass die Zinsen auf die Schulden nicht mehr bezahlt werden können, dann ist Wachstum der einzige Weg.

Dass exponentiell steigende Zinsen in jedem Fall zum Zusammenbruch führen müssen, völlig egal wie lange das System sich dagegen stemmt, wird von allen Beteiligten vorsätzlich ignoriert.

Die linke Seite der Politik ruft nach Investitionen und Lohnerhöhungen, sagt aber nicht dazu, dass jede noch so große Investition in der heutigen Situation nicht mal annähernd so viel Wachstum erzeugen könnte wie sie Schulden verursacht und jede noch so große Lohnerhöhung nicht mal ansatzweise so viel Kaufkraft erzeugen könnte wie sie Inflation verursacht, einfach weil die erhöhte Kaufkraft zur Hälfte sofort wieder in Steuern und Zinsen versickert.

Immerhin könnte man mit einer Hyper-Inflation die Schulden loswerden, aber dabei würden nicht nur die Reichen ebenfalls ihr Vermögen verlieren, dabei würde auch ein Bürgerkrieg ausbrechen in dem die hungernde Bevölkerung die Reichen und Mächtigen lyncht.

Die rechte Seite der Politik versucht sich an der Ausgrenzung von Minderheiten und der Erfindung von Sündenböcken, sagt aber nicht dazu, dass alle Hetzte überhaupt keinen Sinn ergibt, solange der Fehler im System liegt.

Das ist nun wirklich nichts Neues, wurde in der Geschichte mehrfach probiert, hat ausnahmslos zu Völkermord geführt.

Abgesehen davon, wenn wir alle Ausländer ausweisen und unsere Grenzen mit Stacheldraht dicht machen, wohin sollen wir dann mit einer Überproduktion, die sich durch weniger Kaufkraft im eigenen Land nochmal verdoppeln würde?

Oder wollen die Nazis ihre Überproduktion am Ende noch den davongejagten Menschen auf Pump hinterher werfen?

Die Mitte der Politik setzt auf den Markt.

Konkurrenz belebt das Geschäft und wenn wir den Markt nur weit genug ausdehnen, immer größere Freihandelszonen bilden, die Löhne immer weiter senken, dann wird irgendwann die ganze Welt so wettbewerbsfähig, dass es allen gut geht.

Nicht dazu sagen sie, dass die Welt als Ganzes nicht wettbewerbsfähiger werden kann, die Idee also im Grundsatz schon falsch ist.

Dazwischen sitzt die Industrie, die Millionen von Arbeitslosen gegeneinander ausspielt, so dass mit immer kleineren Löhnen und immer weniger Personal immer noch mehr produziert werden kann, ohne zu begreifen, dass immer weniger Arbeitnehmer mit immer weniger Einkommen auch immer weniger Produkte kaufen.

Ebenfalls dazwischen sitzen die Menschen, die erkannt haben, dass das System sich mit Waffengewalt an der Macht hält und die mit wenigen Ausnahmen in ihrer auf Pazifismus begründeten Ohnmacht ihren Unmut nur dadurch zum Ausdruck bringen, dass immer weniger Menschen an Wahlen teilnehmen.

Oben drüber sitzen die Banken, die in exponentiell wachsender Geschwindigkeit das Geld aus der Welt absaugen, nur um es im Kampf gegeneinander schneller zu verzocken als sie es uns abnehmen können.

Die offensichtliche Lösung

Die offensichtliche Lösung heißt Arbeitszeitverkürzung.

Die Idee ist nicht neu, auch wenn ich jetzt von meiner Idee rede.

Es gibt in den USA derzeit Initiativen, die die Arbeitszeit auf 20 Wochenstunden heruntersetzen wollen um die verfügbare Arbeit gerechter zu verteilen.

Teile meiner Idee hat schon Karl Marx in ähnlicher Form beschrieben und auch seine Anhänger kommen immer wieder zu ähnlichen Schlüssen wie ich hier.

Ich will aber immer noch keinen Doktortitel für meine Arbeit, ich habe Marx weder gelesen noch von ihm abgeschrieben, weil ich es vorziehe selber zu denken und wenn dabei Parallelen auftauchen sehe ich das nur als Beweis dafür, dass ich nicht als Einziger so denke.

Ich gehe allerdings davon aus, dass ich in wesentlichen Punkten von den meisten Ökonomen abweiche, und vor allem glaube ich, dass ich meine Ideen sehr viel allgemeinverständlicher formuliere.

Ich bin nicht der tolle Experte, darum wird es sicherlich einige Details auszuarbeiten geben, die ich in meiner Idee nicht bedacht habe.

Einiges wird nicht so funktionieren wie ich mir das vorstelle, andere Dinge müssten noch dazu kommen, aber wenn die selbstherrlichen Ökonomen statt einer falschen Vorhersage nach der Anderen zu produzieren auch mal etwas Vernünftiges machen und an meiner Idee arbeiten würden, dann bin ich mir absolut sicher, dass es irgendwie machbar ist.

Wenn ich aber ohnehin nicht im vollen Umfang vorhersehen kann, was an Details nötig wäre um meine Idee umzusetzen, dann gehe ich gleich richtig in die Vollen und stelle euch jetzt mal mein Utopia vor, wie es im Idealfall meiner Träume aussehen könnte.

Das ist ganz sicher so nicht realisierbar, aber träumen ist bis jetzt noch nicht steuerpflichtig, darum erlaube ich mir am Ende meiner düsteren Wahrheiten mal ein übertrieben positives Bild zu zeichnen.

Vielleicht können die Wirtschaftweisen ja daraus eine machbare Version ableiten.

Utopia

Wenn wir 30 % mehr produzieren als wir verbrauchen und dabei auch noch Millionen von Arbeitslosen haben, dann müssen wir die Arbeitszeit halbieren.

Die wenigen Experten die überhaupt mal darüber nachgedacht haben gehen sogar davon aus, dass halbieren gar nicht reichen würde, Wirtschaftswissenschaftler halten eine 10 Stunden Woche und ein Renteneintrittsalter von 50 Jahren für notwendig, um eine gerechtere Verteilung der verfügbaren Arbeit herzustellen.

Da würde uns allen überhaupt nichts fehlen, denn wir würden immer noch genauso viel produzieren wie wir verbrauchen, niemand hätte die kleinste Kleinigkeit weniger, die Reichen könnten sogar reich bleiben, wir müssten nur alle 3/4 weniger arbeiten.

Wenn wir dann noch die Herstellung vorsätzlich fehlerhafter Produkte durch langlebige Qualität ersetzen würden kämen wir mit einer Stunde Arbeit pro Woche schon aus, ohne dass irgendjemandem irgendetwas fehlen würde.

Schaffen wir dann auch noch die ganze völlig unnütze Arbeit ab, könnte 3/4 der Bevölkerung daheim bleiben und ein sorgenfreies Leben genießen, weil eine Arbeitszeit von wenigen Minuten pro Woche nicht mehr praktikabel wäre.

Dabei würde uns allen immer noch nicht das Geringste fehlen, im Gegenteil, alle hätten ein gesichertes Leben, die Reichen könnten reich bleiben, nur die Armen wären nicht mehr arm.

Es gäbe überhaupt keine Lohnverhandlungen mehr, Gewerkschaften wären überflüssig, denn wenn die verfügbare Arbeit immer genau der verfügbaren Arbeitskraft entspricht, dann regelt sich das Lohngefüge von alleine.

Natürlich müsste den nicht Arbeitenden ein festgelegtes monatliches Einkommen ausgezahlt werden, nicht als Sozialhilfe für Bedürftige sondern als Bonus für frühere Verdienste und es müsste kleiner sein als das Einkommen des untersten Arbeiters, so dass jede Arbeit sich immer lohnt.

Eine Sozialhilfe in dem Sinne dürfte es überhaupt nicht mehr geben, stattdessen müsste ein Einkommen in Form von Verdienstausfall für Kranke und Behinderte eingeführt werden, wo diese genau so viel bekommen wie ein durchschnittlicher Arbeiter.

Arbeitsverweigerer, also arme Menschen ohne Handicap die sich trotz Angebot von einem Arbeitsplatz ohne Begründung weigern zu arbeiten dürften gar nichts bekommen.

Mutter von mehr als 3 minderjährigen Kindern zu sein, müsste als Beruf eingestuft werden und so gut bezahlt werden, dass es sich lohnt Kinder zu haben.

Das Bonus-Einkommen für die Reichen könnte für alle gleich sein, und wer dann mehr verbraucht als er bekommt, fällt halt früher oder später in die

Arbeiterklasse zurück während immer wieder die besten Arbeiter in die obere Klasse aufsteigen.

Es könnte da eine Grauzone geben, in der es den Menschen freigestellt wird, ob sie noch ein bisschen weiter arbeiten oder sich schon zur Ruhe setzen wollen, so dass einer der genau an der Grenze ist nicht alle paar Tage hin und her springen muss.

Jedes mögliche Wachstum wäre jederzeit machbar, jede neue Erfindung wäre sofort produzierbar, wir müssten einfach nur immer die Anzahl Arbeitnehmer und deren Arbeitszeit an die verfügbare Menge Arbeit anpassen, automatisch immer so, dass freie Stellen immer mit genau den Menschen im Land besetzt werden, die von den nicht Arbeitenden am wenigsten eigenen Besitz haben.
Jede neue Maschine die menschliche Arbeitskraft ersetzt müsste sofort durch Arbeitszeitverkürzung für alle ausgeglichen werden.

Wir könnten die Reichen zu den 3/4 der nicht arbeitenden Bürger hinzufügen, da wäre praktisch die gesamte heutige Mittelschicht reich genug um nicht mehr arbeiten zu müssen und bekäme obendrauf noch ein kostenloses monatliches Einkommen.

Problem ist allerdings, es müsste nicht heißen sie müssen nicht mehr arbeiten, es müsste heißen sie dürfen nicht mehr, denn jeder Reiche der noch arbeitet, nähme einem Armen seinen Arbeitsplatz weg.
Man könnte Ausnahmen machen, wo ein besonders wertvoller Mensch weiter arbeiten und seine Intelligenz

in den Dienst der Menschheit stellen darf, aber man müsste als Ausgleich für jeden solchen wertvollen Menschen an anderer Stelle einem Anderen ein sorgenfreies Leben ohne Arbeit garantieren.

Es könnte sogar ganz legale Ausnahmen geben, wo ein reicher Workaholic einem Armen anbietet ihm seinen Reichtum abzutreten, wenn ihm der Arme im Gegenzug seinen Arbeitsplatz abtritt.
Solange dabei die verfügbare Menge Arbeit auf alle Arbeitnehmer verteilt bleibt gibt es kein Problem.

Absolut alle Arbeit, inklusive aller Managerposten und aller Politik müsste grundsätzlich von den Armen erbracht werden, was ganz nebenbei das größte Problem überhaupt löst, denn wenn auf die Art die Ärmsten die Macht haben kommt keiner mehr auf die Idee vor lauter Machtgier Krieg spielen zu wollen.
Jeder der an eine Machtposition kommt und sich dort verdient macht würde in die Mittelklasse und damit ein gesichertes Leben ohne Arbeit aufsteigen, noch bevor er überhaupt daran denken kann seine Macht zu missbrauchen.

Es wäre extrem unwahrscheinlich, dass sich überhaupt noch irgendjemand über irgendetwas beschweren würde, denn wenn der Ärmste der Armen mit ein paar Stunden Arbeit pro Woche ein gesichertes Leben haben kann, dann löst sich vom Rechtsextremismus bis zur organisierten Kriminalität alles in Wohlgefallen auf, weil da keiner mehr mitmachen will.

Immigranten wären in unbegrenzten Massen herzlich willkommen, denn solange am unteren Ende immer neue Arbeitskräfte dazu kommen von denen jeder mehr produziert als 10 Andere verbrauchen können bedeutet jeder Immigrant der dazu kommt am oberen Ende für einen oder mehrere Menschen ein sorgenfreies Leben ohne Arbeit.

Dabei könnte Reichtum durchaus bestehen bleiben, kein Reicher müsste seine Villa am Strand aufgeben, er würde nur nicht noch reicher werden, sondern im Laufe der Zeit seinen Reichtum langsam aber sicher verlieren.
Auch Leistung würde sich nach wie vor lohnen, Manager könnten nach wie vor Gehälter in Millionenhöhe bekommen, Profisportler könnten Millionen verdienen und sich davon nicht nur selbst für den Rest ihres Lebens in Luxus zur Ruhe setzen, sie könnte ihren Nachkommen über Generationen hinweg mit ihrem einmal erworbenen Reichtum versorgen, nur ganz langsam, über eine sehr lange Zeit würden die Nachkommen einer reichen Familie immer weiter absteigen, so lange bis alles verbraucht ist und der letzte Spross der Familie im Arbeitsleben wieder beweisen muss, dass seine Vorfahren zu Recht so reich waren.
Hat sich die Intelligenz oder das Talent der Vorfahren vererbt und die Nachkommen sind noch genauso schlau oder talentiert wie ihre Vorfahren waren, könnten ein paar Wochen Arbeit ja schon ausreichen um die Familie wieder so reich zu machen, dass sie für die nächsten 10 Generationen wieder in Luxus leben kann.

Das große Problem dabei sind allerdings die Zinsen, denn in einem derartig drastisch reduzierten Markt wäre es

weder dem Staat, noch den Ländern, noch den Kommunen und Gemeinden, noch irgendeinem Privatschuldner möglich Zinsen zu bezahlen.
Darum müssten im allerersten Schritt sämtliche Zinsen auf alle Schulden dieser Welt ganz schlicht auf null gesetzt werden, wenn nicht sogar gleich alle Schulden gelöscht werden müssten und jedwede Art von Geldgeschäften müsste nicht nur kostenlos werden, so dass der Geldgeber keinen leistungslosen Ertrag bekommt, es müsste eine Steuer darauf erhoben werden die der Geldgeber zu zahlen hat.

Auf Spareinlagen müsste ab dem ersten Euro eine monatliche Steuer zu zahlen sein und Bargeld müsste automatisch permanent an Wert verlieren.
Wer einen Geldschein aufhebt um ihn später auszugeben dürfte dafür umso weniger bekommen je länger er ihn aufhebt.
Wer Wertgegenstände kauft um seinen Geldbesitz in realen Werten zu sichern müsste genau so viel Steuern darauf bezahlen, wie der Wert des Gegenstands in Bargeld an Wert verlieren würde.

Wer sich ein Haus kauft um darin zu leben bezahlt eine Grundsteuer und gut ist.
Wer dieses Haus an seine Kinder vererben will darf das gerne tun, solange die nicht schon ein Haus haben.
Aber wer sich ein Haus kauft um Miete zu kassieren, der muss dabei draufzahlen.
Wer ein Haus erbt obwohl er schon selber eins hat darf aus der Vermietung keinen Vorteil haben, er dürfte es verkaufen um vom Erlös etwas länger ohne Arbeit zu leben, aber wenn er es nicht verkauft muss er auf den

Besitz Steuern bezahlen und die Mieteinnahmen müssten mit 100 % besteuert werden.

Wer seiner Frau ein teures Schmuckstück kauft, kein Problem.
Wenn diese Frau es an ihre Kinder vererbt, kein Problem.
Aber egal wer es besitzt müsste für die gesamte Zeit Steuern darauf bezahlen.

Das Allerbeste wäre dann, wenn durch drastisch reduzierten Arbeitsaufwand und drastisch reduzierte Kosten alle Produkte um 90 % im Preis fallen, dafür aber 20x länger halten, dann wären wir gegenüber der ganzen Welt, inklusive den Chinesen absolut wettbewerbsfähig und würden trotzdem noch alle im Wohlstand leben.

Mir ist vollkommen klar, dass dies eine Utopie ist die sich niemals durchsetzen wird, völlig egal wie logisch mein Vorschlag ist.
Ob ich nun ein paar Haken an der Geschichte übersehen habe, wegen denen es überhaupt nicht machbar ist, oder ob es irgendwie machbar wäre, gemacht würde dies frühestens wenn nach einem weltweiten Atomkrieg nichts mehr da ist aus dem man noch Profit schlagen könnte und die Reichen nichts mehr haben was sie noch gegen den Zugriff anderer Leute verteidigen könnten.

Die Mächtigen werden ihre Macht niemals freiwillig gegen ein sorgenfreies Leben unter Palmen eintauschen, dazu ist Macht in sich selbst viel zu attraktiv für den menschlichen Egoismus und die Hoffnung, dass der Zusammenbruch des Systems erst nach dem eigenen Tod eintritt, stirbt im wahrsten Sinne des Wortes erst, wenn die Mächtigen vor der Guillotine stehen.

In diesem Sinne wünsche ich uns allen viel Glück, wir werden es brauchen, die Jüngeren noch viel mehr als die Älteren.
Der Zusammenbruch kommt bestimmt und je länger er hinausgezögert wird, desto fürchterlicher wird es werden.
Nach mir die Sintflut ist heute bei vielen skrupellosen Geschäftemachern das Motto, aber dazu muss man überhaupt nicht skrupellos agieren, denn die Sintflut kommt in jedem Fall.
Hoffentlich kommt sie erst nach mir.

Unsortierte Gedanken

Hier ein paar unsortierte Dinge, für die ich im Buch keinen Platz gefunden habe oder die mir erst eingefallen sind als es schon fertig war.

Müllabfuhr

Wir trennen unseren Müll in gelbe Säcke, blaue Tonnen und sonst was, aber wir bezahlen heute mehr für die Müllabfuhr als jemals zuvor.

Aus Sicht der Umwelt ist Mülltrennung und Recycling eine feine Sache, aber solange die Kosten der Müllabfuhr nicht sinken, weil die Müllverbrennungsanlage nicht geschlossen werden kann müssen diese Kosten immer im Gesamtsystem bezahlt werden.

Die ersten Verbraucher die mit Mülltrennung anfangen und als Erste weniger Müll produzieren, bezahlen kurzzeitig weniger, aber sobald fast alle mitmachen werden die unveränderten Kosten der Verbrennungsanlage auf die kleinere Müllmenge umgerechnet, die Preise für die Müllabfuhr steigen und wir alle bezahlen für die kleinere Müllmenge genauso viel wie vorher für die größere Menge.

Da nutzt es auch nicht, wenn ein paar Arbeiter bei der Müllabfuhr entlassen werden, denn ob wir deren Lohn bezahlen, oder über unsere Steuern deren Sozialhilfe macht keinen Unterschied.

Deswegen ist Mülltrennung immer noch sinnvoll und sollte weiterhin gemacht werden, aber uns allen sollte klar sein, dass es uns etwas kostet.

Vereinsmeierei

Ein Thema was mich ganz besonders aufregt ist, wo immer größere Organisationen immer mehr Kosten verursachen, bis sich das Ganze von der Basis her auflöst sind Vereine.
Früher mal gab es fast in jedem Dorf kleine Vereine für alles Mögliche.
Schach, Billard, Skat, Backgammon, Bridge und sonst was.
Das kostete einen so kleinen Mitgliedsbeitrag, dass jeder es sich leisten konnte und wer besonders gut war, der konnte damit sogar noch ein wenig Kleingeld verdienen.
Die Organisation beschränkte sich auf einen ehrenamtlichen Vereinsvorstand von 2 oder 3 Leuten, wo auch der Wirt einer Kneipe dabei war, der sein Hinterzimmer kostenlos als Vereinslokal zur Verfügung gestellt hat.

Seit einer ganzen Weile gibt es Gesetze, nach denen z. B. Backgammon als Glücksspiel eingestuft wird und beim Bridge nicht nur das Spiel um Geld sondern auch Preisgelder bei Turnieren verboten sind.
Aber wer im heimischen Verein gut genug war, der reiste halt einmal im Jahr nach Venedig oder Monte Carlo zu den großen Turnieren, wo auch Preisgelder gezahlt wurden.
Hauptsächlich war das Ganze ein Vergnügen, es gab der Jugend eine Beschäftigung und lehrte ganz nebenbei den Nachwuchs, wie gut man mit seinen Mitmenschen auskommt, wenn man gemeinsam etwas aufbaut und

wenn gelegentlich mal ein Preisgeld dabei rauskam war man dem auch nicht böse.

Heute sind alle diese Vereine so teuer, dass Mitglieder in Scharen aus den Vereinen austreten und Nachwuchs praktisch nicht mehr existiert.
Vereinslokale kosten zig1000de an Miete, die Vereine werden gezwungen Mitglied in übergeordneten Organisationen auf Landesebene oder sogar Weltorganisationen zu sein und das alles kostet nochmal extra.
In den großen Turnieren sind die Anmeldegebühren so hoch, dass selbst Profis nicht mehr teilnehmen, weil die Anmeldegebühren und Übernachtungspreise in Hotels so hoch sind, dass selbst der Hauptgewinner eines Turniers am Ende draufzahlt.
Obendrein erhebt der Staat am Veranstaltungsort neuerdings noch Steuern auf Preisgelder.

Der Veranstaltungsort, das Datum und die Dauer der Veranstaltung wird ganz absichtlich so gewählt, dass fast alle Teilnehmer im teuersten Hotel der Stadt übernachten müssen.
Reiche kaufen ganze Vereine, nur um sich selbst als Vereinsvorstand einzusetzen und talentfreien Familienangehörigen oder Freunden einen Landes- oder Weltmeistertitel zu kaufen, der nicht schwer zu erringen ist, nachdem die echten Experten längst nicht mehr mitspielen.

Daraus folgen ganz logisch mehrere Konsequenzen.
Arme Mitbürger können es sich von Haus aus nicht mehr leisten an solchen Veranstaltungen teilzunehmen und

sehen darum auch keinen Grund Mitglied in einem Verein zu werden.

Glücksritter sehen keine Chance auf Gewinn mehr, bleiben im ersten Schritt den Veranstaltungen fern und treten im zweiten Schritt aus den Vereinen aus.

Nachwuchs existiert nicht mehr, weil es für die Jugend keinerlei Anreiz gibt ein Spiel zu lernen, bei dem garantiert jeder draufzahlt.

Im nächsten Schritt muss der gigantische Wasserkopf der Weltorganisation aus immer weiter schwindenden Mitgliedszahlen bezahlt werden, die Mitgliedsbeiträge explodieren noch schneller als die Anmeldegebühren der Turniere und immer mehr Mitglieder treten aus den Vereinen aus, so dass Backgammon, das älteste Brettspiel der Welt, heute zu einer Nebensache verkommen ist, wo die meisten Menschen nicht einmal mehr die Regeln kennen.

Der verbleibende Rest ist eine kleine Gruppe von Fußball- und Tennisvereinen, die entweder so teuer sind, dass die Reichen sich ihre Eliteclubs unter Ausschluss der Normalverbraucher geschaffen haben, oder mit Fördergeldern über Wasser gehalten werden müssen, oder in sich selbst gigantische, gierige Unternehmen geworden sind.

So führt ein Verbot kleiner Geldgewinne in Verbindung mit gierigen Weltorganisationen zum Untergang der Vereinskultur, wo am Ende die tolle Weltorganisation ihren eigenen Untergang von unten rauf verursacht, nur weil sich kurzfristig von oben runter etwas Geld aus den Strukturen absaugen ließ.

Patentierung von Allgemeingut

Es mag ja verständlich sein, dass eine Firma die Pflanzen mit besonderen Eigenschaften gezüchtet hat, oder die den Ernteertrag von Saatgut verbessert hat, ihre Arbeit und Kosten für die Züchtung bezahlt haben will, aber wenn dabei unsere Grundnahrungsmittel patentiert und monopolisiert werden, dann ist das für die Allgemeinheit untragbar.

Wenn Saatgut gentechnisch so verändert wird, dass die Ernte daraus nicht als neues Saatgut verwendet werden kann, weil die Ernte unnötigerweise vorsätzlich unfruchtbar gemacht wurde, dann werden Bauern gezwungen jedes Jahr vom Erfinder neues Saatgut zu kaufen.

Das ist nicht nur widernatürlich, es führt zwangsläufig zum Untergang, weil jede Weiterentwicklung der verbesserten Pflanzen unmöglich gemacht wird.

Der Patentinhaber hat überhaupt kein Interesse daran seine monopolisierten Pflanzen noch zu verbessern, im Gegenteil, hat er einmal ein Monopol erreicht, verdient er umso mehr Geld mit seinem Saatgut, je schlechter der Ernteertrag ist.

Privatisierung von öffentlichen Diensten

Wer kennt nicht das Märchen vom Vorteil eines privatisierten Staatsmonopols?
Klar kann man Zahlen schönrechnen, aber wie offensichtlich kann es sein, dass ein Privatunternehmen Gewinne für seine Besitzer aus dem Umsatz des Unternehmens abzweigt und damit im Gesamtsystem immer für die Allgemeinheit teurer sein muss, völlig egal wie unwirtschaftlich derselbe Dienst im Staatsbesitz ist?

Ob eine privatisierte Bahn Personal entlässt und die Kosten der Sozialhilfe für die verlorenen Arbeitsplätze auf die Allgemeinheit abwälzt, ob sie unrentable Strecken stilllegt und die Kosten auf eine Landbevölkerung abwälzt, deren Autos noch viel unrentabler sind als ein fast leerer Zug jemals sein könnte, am Ende ist es so einfach wie 1 und 1 zusammenzählen.
Wann immer etwas privatisiert wird fällt der Komfort für die Allgemeinheit und die Kosten im Gesamtsystem steigen, denn völlig egal wie man da rechnet, irgendwoher müssen die Gewinne der privaten Eigentümer kommen.

Am offensichtlichsten ist es bei der privaten Altersvorsorge.
Da werden staatliche Zuschüsse zu privaten Renten bezahlt die vollständig in den Versicherungen versickern und am Ende bekommen die privat Rentenversicherten weniger Rente als wenn sie alle durchgehend in das

herkömmliche Rentensystem eingezahlt hätten, während die staatlichen Haushalte, also wir alle mit unseren Steuergeldern, noch draufzahlen.

Die versteckte Inflation

Früher mal gab es jeden Morgen knusprig frische Brötchen beim Bäcker, die kosteten zu meiner Zeit 20 Pfennige.

Dann kamen Supermärkte, insbesondere Aldi mit minderwertigen Brötchen für 10 Pfennige pro Stück heraus, die Verbraucher sind in Scharen zum Aldi gerannt und haben billige Brötchen gekauft.

In der Folge waren Bäckereien gezwungen ebenfalls minderwertige Brötchen zu backen um konkurrenzfähig zu bleiben.

Als dann fast alle Bäckereien dieselben Gummibrötchen mit mehr Luftlöchern als Substanz anboten, kosteten die wie durch ein Wunder überall dieselben 20 Pfennige, die vorher gute Brötchen gekostet haben.

Für die wenigen Verbraucher die ihre guten Brötchen vermissten wurden dann auch wieder Brötchen nach guter alter Tradition gebacken, nur hießen die dann Kaiserbrötchen und kosteten 50 Pfennige.

Ganz offensichtlich gab es hier eine 150 % Inflation, aber die veröffentlichte Inflationsrate war null, weil Brötchen ja immer noch 20 Pfennige kosteten.

Das kann man auf fast alle Bereiche des Lebens verallgemeinern, denn ein Fahrrad aus minderwertigem Material das nach ein paar Jahren entweder völlig verrostet ist oder statt Stahl aus Aluminium, Messing oder gleich aus Plastik besteht und nach ein paar Jahren auseinander fällt, kostet eben nicht nur halb so viel wie früher mal ein gutes Fahrrad, es kostet bei halbem Preis das Doppelte eines guten Fahrrads das die 4fache Lebenserwartung hat.

Dass es heutzutage gute Fahrräder gibt, die mal eben den Preis eines kleinen Autos kosten macht das Problem nur noch offensichtlicher.

Ist euch aufgefallen, dass die Blätter vom Toilettenpapier neuerdings kleiner sind als sie früher waren?

Eine Rolle Toilettenpapier hat 400 Blatt und kostet noch genauso viel wie vorher, trotzdem ist der effektive Preis drastisch gestiegen, nur dass es in der offiziellen Inflationsrate nicht berücksichtigt wird.

Die Produktion in Fernost

Es war für lange Zeit ein sehr einträgliches Geschäft für die Industrie die arbeitsintensive Produktion vieler Güter nach Fernost auszulagern, die dort billig gefertigten Produkte zu importieren und hierzulande zum hier üblichen Marktpreis zu verkaufen.
Die Gewinnspannen waren gigantisch, die Arbeitsbedingungen unter denen Näherinnen in Bangladesch deutsche Kleidung nähen sind unmenschlich und die Einzigen die daran verdienen sind die Inhaber der Bekleidungsindustrie.

Dumm nur, dass die Verbraucher das Spiel nicht mehr mitspielen wollen.
Genau genommen können sie das Spiel gar nicht mehr mitspielen, weil die heute arbeitslosen Menschen, die früher mal in der hiesigen Produktion gearbeitet haben sich die hiesigen Preise nicht mehr leisten können.
Mittlerweile gibt es Preisbrecher, die sich auf der einen Seite der öffentlichen Kritik an den unmenschlichen Produktionsmethoden aussetzen aber auf der anderen Seite wenigstens die niedrigeren Kosten an den Endkunden weitergeben.

Aber auch ohne Billiganbieter im Lande nutzen immer mehr Verbraucher die Möglichkeit ihre Produkte direkt vom Hersteller zu beziehen.
Man denkt sich halt, wenn ein Produkt ohnehin in Fernost hergestellt wird, dann muss ich der deutschen Industrie nicht noch eine Gewinnspanne dafür bezahlen,

dass sie zig1000de von Arbeitsplätzen in der Produktion nach Fernost verlegt haben, und überhaupt sind die Preise hierzulande unerschwinglich.

Der Versandhandel boomt, weil eine Bestellung in China auch nach Zoll und 4 Wochen Lieferzeit immer noch viel billiger ist als der Laden um die Ecke und der deutsche Einzelhandel bricht jeden Tag ein Stück weiter ein.
Am Ende hat die deutsche Industrie sich in ihrer Profitgier selbst ruiniert und den deutschen Einzelhandel mit in den Abgrund gerissen.

Stagnation durch Lohnsenkung

Es ist eine bekannte Tatsache, dass Unternehmen nur dann in Forschung und Technologie investieren, wenn die Löhne so hoch sind, dass die Unternehmen trotz gigantischer Investitionen am Ende mit einer technologischen Lösung noch günstiger weg kommen als mit menschlicher Arbeitskraft.

So wurde der Grundstein der Massenproduktion in England gelegt, zu einer Zeit als die Löhne dort die höchsten Löhne der Welt waren.

In Asien und in der arabischen Welt, wo 1000 Arbeiter billiger sind als eine einzige Maschine gibt es keine Innovationen.

Das ist kein Geheimnis, es lässt sich jederzeit überprüfen und zweifelsfrei beweisen.

So ist z. B. die Anzahl der Patentanmeldungen direkt proportional zur Kaufkraft der Löhne.

In der gesamten arabischen Welt gibt es pro Jahr weniger neue Erfindungen als in Deutschland pro Tag und das ist noch nicht mal auf die Einwohnerzahlen umgerechnet.

Wenn aber die Produktion aller neuen Erfindungen immer sofort nach Fernost verlegt wird, dann nutzen alle Investitionen in Forschung und Entwicklung der westlichen Welt als Ganzes überhaupt nicht und so ist es kein Wunder, dass außer staatlich subventionierter Forschung in Deutschland praktisch überhaupt nichts Neues mehr entwickelt wird.

Jeden Tag kommen ein Dutzend neue Parfüms auf den Markt, wo 99,99 % Wasser zu 100.000€ pro Liter verkauft wird, aber jedes noch so windige Stückchen Elektronik muss in China produziert werden.

Gold und Silber

Wann immer irgendeine Krise ausbricht, steigt zuerst der Goldpreis, weil die Menschen glauben ihren Besitz, in Edelmetallen angelegt, vor der Krise beschützen zu können.

Nicht bedacht wird dabei, dass Gold auch nur ein Spekulationsobjekt und Nullsummenspiel ist.

Tatsächlich sind Edelmetalle das genaue Gegenteil der Realwirtschaft.

Je schlechter es der Wirtschaft geht, desto höher steigt der Goldpreis und umgekehrt.

Darum ist der Kauf von Edelmetallen praktisch eine Wette darauf, dass die Wirtschaft in Zukunft schlechter laufen wird als die Realwirtschaft abzüglich der Inflation.

Wenn man Gold kauft und wieder verkauft dann macht man damit Gewinn oder Verlust, aber egal was man damit macht, irgendwo auf der Welt gibt es jemanden der einem das Gold verkauft und jemanden der es später kauft und diese beiden anderen Menschen erleben genau den umgekehrten Fall, wenn der Eine Gewinn macht, machen die Anderen Verlust und umgekehrt.

Am Ende hat die Welt als Ganzes keinerlei Vorteil daraus, im Gegenteil, es wird Geld aus der Realwirtschaft abgezogen und in totem Kapital abgelegt, in der Hoffnung später einmal mehr Geld zurück zu bekommen, was aber im Gesamtsystem nicht der Fall ist.

Gewinn machen dabei nur die Banken und Edelmetallhändler die das Gold kaufen und verkaufen und dabei eine Gewinnspanne, den sogenannten Spread, für sich abzweigen.

Darum ist es nicht verwunderlich, dass die Goldhändler jederzeit bereitwillig Gold zum Tagespreis kaufen und verkaufen, denn den Händlern kann es völlig egal sein wie hoch oder niedrig der Kurs gerade ist, sie machen auf jeden Fall Gewinn ohne das geringste Risiko einzugehen.

Im Umkehrschluss bedeutet das, die Welt als Ganzes macht am Edelmetallhandel permanent Verlust.

Genau genommen gilt das für den gesamten Aktienmarkt, der im Gesamtsystem immer dasselbe Nullsummenspiel ist.

Je mehr an den Börsen gehandelt wird, desto mehr verdienen die Edelmetall- und Aktienhändler und desto mehr Verlust macht die Welt als Ganzes.

Für Verbraucher die es sich leisten können sind Gold und Silber eine Versicherung gegen den Unfug den die Politik mit den Währungen veranstaltet.

Gold erhält seine Kaufkraft, völlig unabhängig davon, welchen Wert es in einer bestimmten Währung hat.

Egal ob die Weltwirtschaft immer weiter abbaut oder wächst, egal ob immer mehr Geld gedruckt wird oder nicht, Gold behält immer dieselbe Kaufkraft.

Gold erwirtschaftet keine Zinsen, mal abgesehen von kurzfristigen Spekulationsgewinnen, aber es verliert auch nicht an Kaufkraft, allerdings immer verringert durch die Gewinnspanne die die Händler für sich abzweigen.

Darum ist es für einzelne Investoren interessant mit Edelmetallen zu spekulieren und für Pessimisten ist Gold eine krisenfeste Kapitalsicherung, aber im Interesse der

Welt als Ganzes müsste der gesamte Handel mit Edelmetallen und der gesamte Handel mit jeder Art von Aktien abgeschafft werden.

Natürlich gibt es in der Industrie Bedarf an Edelmetallen, z.B. für die Produktion von Elektronik, aber der spekulative Handel mit Edelmetallen ist absurd.

Anteile von Firmen zu kaufen um sich an deren Geschäften zu beteiligen ist durchaus sinnvoll, aber mit Aktien handeln als ob es Waren wären ist absurd.